Shapes of NATURE

A kaleidoscope of the natural world

Ben Hoare

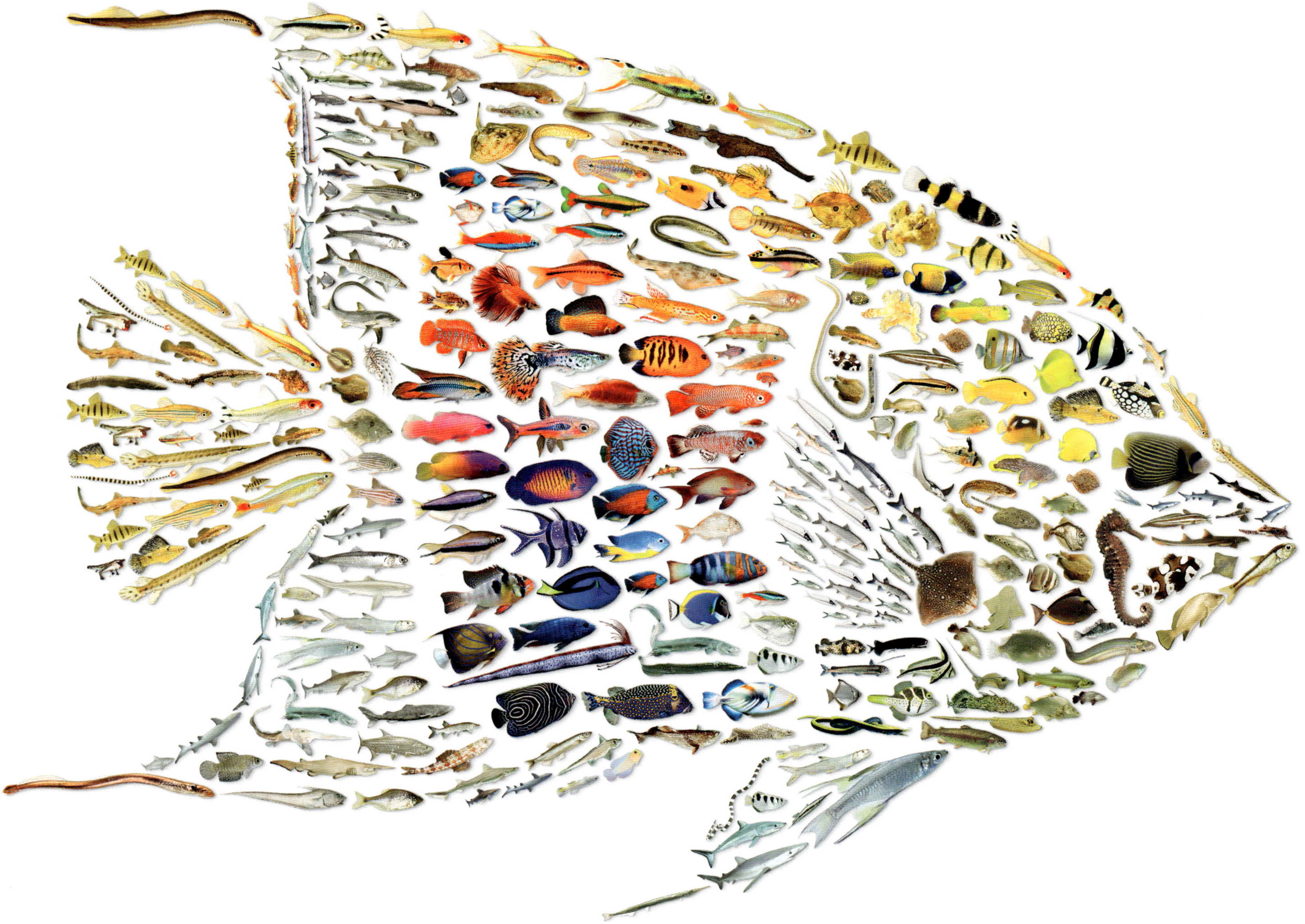

Endless forms most beautiful and most wonderful have been, and are being, evolved.

Charles Darwin

This book is a celebration of the infinite variety and beauty of nature. Our planet teems with extraordinary living things and natural objects, and they come in a mind-blowing array of different shapes, colours, and patterns. In these pages you'll discover collections of species and natural treasures from around the world, arranged to show the differences and similarities between them. There's much to marvel at, from the shimmer of butterfly wings to spiral seashells and glittering gems. The natural world in all its variety is something to cherish and be inspired by – but it's fragile too, so we must look after it.

Ben Hoare

Contents

4	Bees	52	Slugs and snails
6	Busy as a bee	54	Slime time
8	Butterflies	56	Seashells
10	Wings of wonder	58	On the seashore
12	Moths	60	Starfish
14	Fly by nights	62	Spiny wonders
16	Caterpillars	64	Leaves
18	Very hungry caterpillars	66	Vital organs
20	Chrysalises and cocoons	68	Flowers
22	Shape shifters	70	Flower power
24	Dragonflies	72	Fruits
26	Aerial assassins	74	Sweet treats
28	Beetles	76	Pine cones
30	Brilliant beetles	78	Safe and sound
32	Stick and leaf insects	80	Mushrooms and toadstools
34	Masters of disguise	82	World of fungi
36	Eggs	84	Rocks and minerals
38	Born in a shell	86	Building blocks
40	Feathers	88	Gemstones
42	Fabulous feathers	90	Earth's treasure chest
44	Frogs and toads	92	Glossary
46	Ambush experts	94	Index
48	Fish		
50	Scales and tails		

1 Yellow loosestrife bee 2 Wool carder bee 3 Rusty-patched bumblebee 4 Bilberry bumblebee 5 Common long-horned bee 6 Chaeturginus
7 Western honey bee 8 Long-horned bee 9 Giant furrow bee 10 Patchwork leafcutter bee 11 Leafcutter bee 12 Hostile leafcutter bee 13 Western honey
bee 14 Buff-tailed bumblebee 15 Striped oil digger 16 European wool carder bee 17 Tricoloured bumblebee 18 Cuckoo bumblebee 19 Western honey bee
20 Mining bee 21 Tricoloured bumblebee 22 Cellophane bee 23 Squash bee 24 Large garden bumblebee 25 Vestal cuckoo bumblebee 26 Western honey bee 27 Urban
digger bee 28 Illinois miner bee 29 Long-horned bee 30 Mediterranean wood-boring bee 31 Sunflower burrowing resin bee 32 Coquillett's leafcutter bee 33 Half-black bumblebee
34 Tropical carpenter bee 35 Double-banded carpenter bee 36 Alternated cuckoo leafcutter bee 37 Sweat bee 38 Holly miner bee 39 Patchwork leafcutter bee 40 Giant honey bee
41 Orange-footed furrow bee 42 Red-tailed cuckoo bee 43 Orange-legged furrow bee 44 Westwood's pronged-nomia 45 Leafcutter cuckoo bee 46 Hairy-footed flower bee 47 Xanthesma
48 Walsh's digger bee 49 European wool carder bee 50 Red mason bee 51 Western honey bee 52 Double-banded carpenter bee 53 Three-spotted digger bee 54 Lonchopria 55 Dotted
miner bee 56 Grey-backed mining bee 57 Red mason bee 58 Tawny mining bee 59 Broad-handed leafcutter bee 60 Red mason bee 61 Mason bee 62 Buffish mining bee 63 Nocturnal
sweat bee 64 Smith's oil digger 65 Western honey bee 66 Red mason bee 67 Western honey bee 68 Nason's mining bee 69 Apical leafcutter bee 70 Red mason bee 71 White-spotted red

Bees

The world's best known bees are honeybees, billions of which use the hives we provide, but there are lots of other species of bee living in the wild. They thrive wherever there are flowers, on whose sugary nectar and nutritious pollen they feed. Many have yellow and black stripes warning they sting, while some are ant-like or sparkle with fabulous colour like jewels.

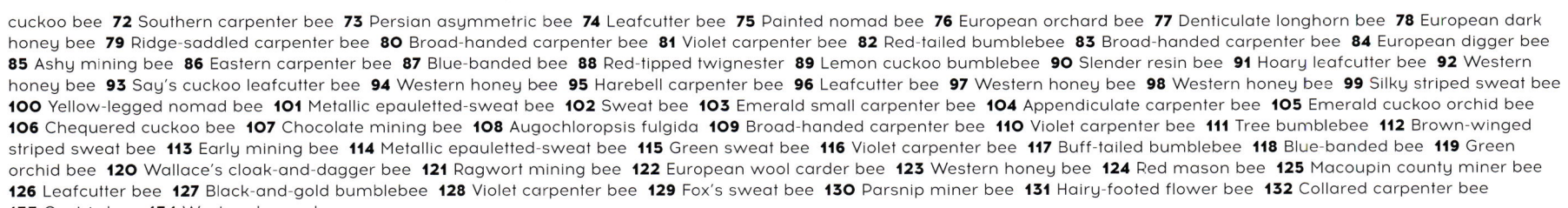

cuckoo bee **72** Southern carpenter bee **73** Persian asymmetric bee **74** Leafcutter bee **75** Painted nomad bee **76** European orchard bee **77** Denticulate longhorn bee **78** European dark honey bee **79** Ridge-saddled carpenter bee **80** Broad-handed carpenter bee **81** Violet carpenter bee **82** Red-tailed bumblebee **83** Broad-handed carpenter bee **84** European digger bee **85** Ashy mining bee **86** Eastern carpenter bee **87** Blue-banded bee **88** Red-tipped twignester **89** Lemon cuckoo bumblebee **90** Slender resin bee **91** Hoary leafcutter bee **92** Western honey bee **93** Say's cuckoo leafcutter bee **94** Western honey bee **95** Harebell carpenter bee **96** Leafcutter bee **97** Western honey bee **98** Western honey bee **99** Silky striped sweat bee **100** Yellow-legged nomad bee **101** Metallic epauletted-sweat bee **102** Sweat bee **103** Emerald small carpenter bee **104** Appendiculate carpenter bee **105** Emerald cuckoo orchid bee **106** Chequered cuckoo bee **107** Chocolate mining bee **108** Augochloropsis fulgida **109** Broad-handed carpenter bee **110** Violet carpenter bee **111** Tree bumblebee **112** Brown-winged striped sweat bee **113** Early mining bee **114** Metallic epauletted-sweat bee **115** Green sweat bee **116** Violet carpenter bee **117** Buff-tailed bumblebee **118** Blue-banded bee **119** Green orchid bee **120** Wallace's cloak-and-dagger bee **121** Ragwort mining bee **122** European wool carder bee **123** Western honey bee **124** Red mason bee **125** Macoupin county miner bee **126** Leafcutter bee **127** Black-and-gold bumblebee **128** Violet carpenter bee **129** Fox's sweat bee **130** Parsnip miner bee **131** Hairy-footed flower bee **132** Collared carpenter bee **133** Centris bee **134** Western honey bee

A honeybee colony can have more than 50,000 bees.

Nesting habits

Honeybees, bumblebees, and some other bees nest in large groups called colonies, where members share the task of raising the young. However, most bee species live alone. In these solitary species, every female makes several of her own nest cells and each is home to a single larva.

A mining bee digs its own nesting hole in soil.

Bumblebee colonies nest in long grass.

Wings
Bees have four wings. When they fly, the two pairs hook together and beat like a single pair.

Warning colours
The yellow and black stripes are a warning to predators that this bee has a dangerous stinger.

Stinger
Only female bees have a stinger. It is hidden at their tail end and used only when they feel in great danger or need to defend their colony. The sharp tip pierces flesh and injects a painful dose of venom. Bumblebees can sting many times, but honeybees die after stinging once.

Bumblebee
Bees have hairy bodies to keep warm and to help collect pollen, which they eat. Bumblebees are the hairiest of all bees – an adaptation to living in cooler climates.

Three of a kind
In a honeybee colony, a queen lays the eggs and controls the other bees with chemicals called pheromones. Thousands of female workers forage for food, look after young bees, and protect the nest. Drones are male bees that fly off to mate with queens from different colonies.

Worker   **Drone**   **Queen**

Secret patterns
These photographs of a marsh marigold show how differently bees experience the world. To our eyes, the flower seems bright yellow, but to bees it is bluish with a dark centre. Many flowers have hidden patterns like these, which can include spots and swirling lines. They guide the bees to where the nectar and pollen lie.

What we see

What bees see

Busy as a bee

Bees have powerful wings that beat up to 200 times a second, and spend much of their time buzzing about in search of food. A single bee can visit hundreds of flowers in a day as it gathers nectar and pollen. Since many flowering plants rely on bees to pollinate them, these industrious insects play a vital role in our planet's ecosystems.

Making honey

Honeybees turn flower nectar into the wonderfully sweet, golden liquid we call honey. They store it in thousands of tiny hexagonal cells that fit together in a large grid known as honeycomb. Some honey is fed to the colony's larvae. The bees save the rest to eat later.

Five eyes
Bees have three small eyes that sense dark and shade and two large eyes for vision. Their vision is blurry but they are good at detecting colour and movement.

Helping plants

Pollen is a powdery substance made in flowers to help plants reproduce. The pollen grains stick to bees as they visit flowers and later rub off on other flowers. After a flower has been pollinated, it makes seeds.

Orchid bee

Not all bees are yellow and black. Orchid bees have shiny metallic colours due to the way light reflects off their surface. Male orchid bees probably use their glittering coloration to attract females. To enhance the effect, they collect scents from flowers to wear as perfume.

Bee or not a bee?

Many harmless insects, including flies, beetles, and moths, mimic bees to protect themselves from predators. This bee hawkmoth has a rounded, furry body and see-through wings like a bumblebee, but it has no sting.

1 Burmese lascar **2** Brown siproeta **3** Spotted fritillary **4** Grecian shoemaker **5** Nettle tree butterfly **6** Viceroy **7** Tawny rajah **8** Spotted fritillary **9** Lesser marbled fritillary **10** Apollo **11** Small pearl-bordered fritillary **12** Meadow argus **13** Numberwing **14** Comma **15** Tawny rajoh **16** Ussher's palla (female) **17** Tiger mimic white **18** Ussher's palla (male) **19** Palm skipper **20** Golden piper **21** Wizard **22** Pirate **23** Silver-washed fritillary **24** Mother-of-pearl butterfly **25** Small tortoiseshell **26** Peacock **27** Autumn leaf **28** Chequered skipper **29** Giant redeye **30** Pearl crescent **31** Red lacewing **32** Large skipper **33** Small pearl-bordered fritillary **34** Mocker swallowtail **35** Dotted checkerspot **36** Cruiser **37** Queen of Spain fritillary **38** Camberwell beauty **39** Boisduval's false ocraea (male) **40** Large tortoiseshell **41** Silvery checkerspot **42** Large skipper **43** Boisduval's false acraea (female) **44** Yucca giant skipper **45** Viceroy **46** Cramer's eighty-eight **47** Himalayan jester **48** Grizzled skipper **49** African leaf butterfly **50** Ruddy daggerwing **51** Orange albatross **52** Anna's eighty-eight **53** Guineafowl butterfly **54** Indian red admiral **55** Hackberry emperor **56** Red admiral **57** Southern cloudywing **58** Red lacewing **59** Large skipper **60** White peacock **61** Southern snout **62** Zebra mosaic **63** Baron **64** Eastern dusk-flat **65** Indian oakleaf **66** Gold-banded forester **67** Greasy butterfly **68** Large chequered skipper (underside) **69** Yellow-spotted gonatryx **70** Psyche **71** Pine white **72** Malachite **73** & **74** Striped policeman **75** Eastern flat **76** Clipper **77** African giant swallowtail **78** Blue pansy (female) **79** Royal Assyrian

Butterflies

These beautiful insects often have bold patterns and come in every colour of the rainbow. They fly by day, and you can see them flutter through all kinds of flowery habitats, from rainforest and meadows to town parks. Most butterflies live for only a few weeks as adults. After they have mated and laid eggs, their brief but eventful lives come to an end.

80 Redbase jezebel **81** Cleopatra **82** Tiger swallowtail **83** Orange barred sulfur **84** Purple emperor **85** Queen of Spain fritillary **86** Crimson tip **87** Brown-veined white **88** Union Jack **89** Crimson tip **90** Lesser clouded yellow **91** Broad-bordered grass yellow **92** Orange-barred sulfur **93** California dogface **94** African migrant **95** Small white **96** Orange sulfur **97** Green birdwing **98** Blue admiral **99** Blue diadem **100** Claudina agrias **101** Banded king shoemaker **102** Blue swallowtail **103** Long-tailed skipper **104** Aega morpho **105** Orange tip **106** Queen Alexandra's birdwing (male) **107** Long-tailed skipper **108** Common dotted border **109** Turquoise emperor **110** Green dragontail **111** Japanese emperor **112** Blue pansy (male) **113** Blue triangle **114** Large blue emperor **115** Regent skipper **116** Great eggfly **117** Purple emperor **118** Indian leaf **119** Queen cracker **120** Caper white **121** Dingy skipper **122** Swallowtail **123** Purple beak **124** Rajah Brooke's birdwing **125** Pioneer white **126** Giant African skipper **127** Cardinal **128** Southern gaudy commodore **129** Large chequered skipper **130** Silver-spotted skipper **131** Queen Alexandra's birdwing (female) **132** White admiral **133** Australian regent skipper **134** Common sootywing **135** Gold-spotted sylph **136** Map butterfly

Eyespots
Many butterflies have markings that mimic eyes to distract or confuse predators.

Scales
The scaly wings are fragile. If touched, the scales come off as powder.

Wings of wonder

Butterfly wings are tissue-thin and easily damaged. Despite this, butterflies can be strong fliers. Males and females often dance mid-air in acrobatic displays, and some butterflies make long migrations. To fuel their energetic lifestyle, butterflies sip sugary nectar from flowers. They feed on other liquids too, including fresh dung and juices from ripe fruit.

Tiny scales
Butterfly wings are covered in thousands of tiny scales, shown here magnified 150 times. Each scale can be a different colour, giving the wings their pattern. In some butterflies, males have special scent scales to attract females.

Tails
Birds mistake these tails for insect antennae and peck at what they think is the butterfly's head. Its real head is unharmed so it escapes.

Papilionidae
Swallowtails and birdwings

Hedylidae
Moth-butterflies

Hesperiidae
Skippers

Pieridae
Whites, yellows, and sulfurs

Nymphalidae
Brush-footed butterflies

Lycaenidae
Blues, coppers, and hairstreaks

Riodinidae
Metalmarks

Papilionoidea

Butterfly families
Butterflies are divided into seven different families. The two largest ones are the brush-footed butterflies and the blues, coppers, and hairstreaks. Each of these families includes around a third of the world's butterfly species.

Parts of a butterfly

Like all adult insects, a butterfly has a body divided into three segments: head, thorax, and abdomen. Three pairs of legs and two pairs of wings attach to the thorax, which houses powerful flight muscles. The abdomen contains the heart and digestive organs.

Forewing

Hindwing

Head

Abdomen

Thorax

Brand new butterfly

When a new butterfly is ready to emerge from its chrysalis, it splits the outer case and squeezes out. It pumps blood into its veins to allow its folded wings to open for the first time.

Antennae
The two antennae detect scents and other chemicals in the air. With their thick tips, they look like tiny hockey sticks.

Proboscis
This feeding tube is used like a straw to suck up liquids. It coils up when not needed.

Chrysalis
Every butterfly hatches from a chrysalis – the next stage in the life cycle after a caterpillar.

Common swallowtail

Veins
Veins support the wings and carry insect blood called haemolymph.

Common swallowtail

Pattern
The wing undersides have a simpler pattern than the tops.

Long-distance flights

Though small, butterflies can make epic journeys assisted by the wind. Monarch butterflies that hatch in late summer fly all the way from Canada and the USA to Mexico, where they spend winter resting in swarms. The longest recorded flight of a monarch was 4,635 km (2,880 miles) in 1988.

Moths

Moths are closely related to butterflies and, like them, develop as caterpillars. But there are nearly ten times more moth species than butterflies. Moths live all around us, even in our homes, though we may not see these secretive insects as often. They escape our attention because most hide during the day and emerge only after sunset to flit about in the hours of darkness.

1 Oleander hawkmoth **2** Cizara hawkmoth **3** Death's head hawkmoth **4** Hercules moth **5** Twin-spotted sphinx **6** Sigmoid prominent **7** Giant sphinx **8** Doherty's longtail **9** Owl moth **10** Calleta silkmoth **11** Orange-spotted castniid **12** Asian carpenter moth **13** Pine-tree lappet **14** Brindled beauty **15** Carpenterworm moth **16** Bedstraw hawkmoth **17** Yellow-headed anthelid **18** Large maple spanworm moth **19** Warren's hook-tip **20** Morgan's sphinx **21** Eastern grapeleaf skeletonizer **22** Acacia carpenter moth **23** Olive prominent **24** Ailanthus silkmoth **25** Splendid ghost moth **26** Verdant sphinx **27** Double-toothed prominent **28** Winter moth **29** Large emerald **30** Pūriri moth **31** American moon moth **32** Aporandria specularia **33** Smooth emerald **34** Butler's brahmin **35** Lewin's bag-shelter moth **36** Robin moth **37** Carolina sphinx **38** Silver-striped hawkmoth **39** Great peacock moth **40** Shark **41** Striped hawkmoth **42** Batwing moth **43** Goat moth **44** Eyespot anthelid **45** Brindled beauty **46** Lobster moth **47** Red-headed inchworm moth **48** Tulip-tree beauty **49** Poplar hawkmoth **50** Eucalyptus lappet **51** Hornet moth **52** Map-winged swift **53** European owl moth **54** Peach blossom **55** Pink-spotted hawkmoth **56** Small silkmoth **57** Buff-tip **58** Arched hook-tip **59** Eastern tent caterpillar moth **60** Mottled umber **61** Indian silkmoth **62** Cabbage tree emperor **63** Hummingbird clearwing **64** Purple thorn **65** Pine emperor **66** Moss-green lappet **67** Double-headed hawkmoth **68** Budded lappet **69** Bent-wing ghost moth **70** Yellow-necked caterpillar moth **71** Polyphemus moth **72** Orizaba silkmoth **73** Emperor gum moth **74** Streaked sphinx **75** Staudinger's longtail **76** Promethea moth **77** Dark chopper **78** Banksia moth **79** Millar's tiger **80** Garden tiger **81** Venus moth **82** Oak eggar **83** Regal moth **84** Atlas moth **85** Indian tasar silkmoth

86 Orange moth **87** Golden clearwing **88** Wattle snout moth **89** Ruby tiger **90** Tau emperor **91** Festoon **92** Inquisitive monkey **93** White-lined sphinx moth **94** Ochraceous bombyx **95** Lime hawkmoth **96** Elephant hawkmoth **97** Hakea moth **98** Gum snout moth **99** White-headed thorn **100** Ghost moth (female) **101** Oak eggar **102** Peppered moth **103** Puss moth **104** Silkmoth **105** False tiger moth **106** Madagascar moon moth **107** Lappet moth **108** Orange swallow-tailed moth **109** Magpie moth **110** Madagascan sunset moth **111** Hummingbird hawkmoth **112** Clara satin moth **113** Ghost moth (male) **114** Io moth **115** Morning-glory prominent **116** Imperial moth **117** Golden emperor **118** Scorched wing **119** Swallow-tailed moth **120** Boisduval's autumnal moth **121** Elm spanworm moth **122** Variable burnet moth **123** Muslin bombyx **124** Black-lined eggar **125** Forester **126** Common wainscot **127** Large tolype **128** Red-lined geometer **129** Vestal **130** Gardenia bee-hawk **131** Indecorous eggar **132** Iron prominent **133** Fall cankerworm moth **134** Giant sugarcane-borer **135** Argent and sable **136** Zodiac moth **137** Fire grid burnet moth **138** Six-spot burnet moth **139** Spanish moon moth **140** Privet hawkmoth **141** Fiery campylotes **142** Guenée's emerald **143** African moon moth **144** Indian moon moth **145** Giant grey sphinx **146** Provence burnet moth **147** Pallid monkey moth **148** Leopard moth **149** Welsh wave **150** Lettered habrosyne **151** Boisduval's carpenter moth **152** Croesus prominent **153** Great oak beauty **154** Diva moth **155** Virginian tiger **156** Cream-spot tiger **157** Cecropia moth **158** Cinnabar moth **159** Black witch moth **160** Coppery dysphania **161** Scarlet tiger **162** Saddle-back moth

Fly by nights

Polyphemus moth

Scare tactic
This moth reveals its big eyespots when threatened to briefly startle an attacker.

Unlike butterflies, which fly by day, most moths are nocturnal. Plenty of flowers open at night, providing nectar to sip, though some moths never eat a thing as adults. Moth-pollinated flowers are often white so they gleam in the moonlight. With superb night vision, moths have no trouble finding them. Moths are also guided by scent, which they capture with their antennae.

Polyphemus moth

Branched antennae
The antennae are wide and feathery to taste as much air as possible.

Amazing antennae
Moth antennae can detect the slightest air currents and faint traces of scents and chemicals. In male moths they may be massive to ensure they pick up the scent released by females far away. Many look like feathers or combs.

Masters of disguise
To avoid being spotted by birds and other daytime predators when resting, many moths have fantastic camouflage. Others mimic stinging insects to look dangerous, or they pretend to be something disgusting, such as bird droppings.

Broken twig
Buff-tip moths blend in perfectly with the twigs they rest on.

Flies and poo
Patterns on the fly mimic moth's wings look like two flies eating bird poo.

Wasp mimic
The hornet moth has wasp-like stripes, wings, and antennae.

Mobile base
Moths use muscles to move their antennae about as they sample the air for scents.

Scent detectors
Hair-like sensors along the branches detect scents.

Micro moths
Most moth species are so tiny we seldom see them. These so-called "micro moths" include clothes moths, whose caterpillars chew holes in wool clothes, and the cocksfoot moth below, which is just a few millimetres long.

Keeping the Moon overhead results in a straight line.

Keeping an artificial light overhead results in a curve.

Light attraction
Moths flock towards artificial lights. We're not quite sure why, but one theory is that they navigate at night by keeping moonlight or starlight on their backs. When they do this with artificial lights, their navigation system goes wrong and they get trapped flying in circles.

Camouflage
The elephant hawkmoth's colours match the flowers it visits.

Big eyes
Moths have large eyes, giving good night vision.

Elephant hawkmoth

Sweet treat
Moths suck the sugary nectar from flowers using their proboscis, which resembles a long and very bendy straw. Some moths land to feed, but hawkmoths hover in mid-air like hummingbirds. They have an extra-long proboscis to reach deep into flowers.

Fur coat
Moths are covered in a layer of minuscule scales. The scales on the body are much longer than those on the wings, giving the moths a furry appearance. This keeps them warm in the chilly night air.

Caterpillars

Caterpillars are the slow-moving larvae of butterflies and moths. All day long, they wriggle and crawl from place to place, munching food non-stop. They could not be more different from the fluttering insects they will one day become. Many caterpillars are well camouflaged but they can be brilliantly colourful too, often with extravagant hair, tails, and horns.

1 Mullein moth **2** Monarch **3** Emperor moth **4** Sphinx moth **5** Silkworm **6** Puss moth **7** Giant swallowtail **8** Common clubtail **9** Elephant hawkmoth **10** Oleander hawkmoth **11** Black swallowtail **12** Eight-spotted forester **13** African death's-head hawkmoth **14** Pebble prominent **15** Banded tussock moth **16** Pale tussock moth **17** Brown-tail moth **18** Oak eggar **19** Tobacco cutworm **20** Fox moth **21** Milkweed tussock moth **22** Grass eggar **23** Painted vine moth **24** Hickory horned devil **25** Amber hook-wing **26** American dagger moth **27** Spotted tussock moth **28** Giant peacock moth **29** Death's-head hawkmoth **30** Silver-spotted skipper **31** Lime butterfly **32** Spicebush swallowtail **33** Io moth **34** Stinging nettle slug **35** Citrus swallowtail **36** Oleander hawkmoth **37** Io moth **38** Cabbage looper **39** Buff-tip moth **40** Buckeye **41** Yellow-collared scape moth **42** Eastern tiger swallowtail **43** Peacock butterfly **44** White-lined sphinx **45** Giant swallowtail **46** Dainty swallowtail **47** Garden tiger **48** Malachite butterfly **49** Orange-striped oakworm **50** Southern flannel moth **51** Pine hawkmoth **52** Privet hawkmoth **53** Imperial moth **54** Privet hawkmoth **55** Twin-spotted sphinx **56** Angle shades moth **57** Emperor moth **58** Luna moth **59** Silver-spotted skipper **60** Asian swallowtail **61** Hummingbird hawkmoth **62** Tomato hornworm **63** Atlas moth **64** Cabbage white **65** Lime swallowtail **66** Winter moth **67** Dark dagger **68** Nut-tree tussock moth **69** White-tipped black butterfly **70** Mourning cloak **71** Blue morpho **72** Dido longwing **73** Common mormon **74** Painted lady **75** Spurge hawk **76** Gypsy moth **77** Comma **78** Comma **79** Chinese oak silk moth **80** Saddled prominent **81** Poplar hawkmoth **82** Black swallowtail **83** Hickory tussock moth **84** Cecropia moth **85** Tobacco hornworm **86** Eastern tiger swallowtail **87** Common palmfly **88** Box tree moth **89** Eyed hawkmoth **90** Hummingbird hawkmoth **91** Common lascar **92** Common mime **93** Great eggfly **94** Eastern tent caterpillar **95** Black armyworm **96** Large emperor moth **97** Geometer moth **98** Dot moth **99** Spiny oak slug **100** Pale prominent **101** Drinker moth **102** Oak eggar **103** Red admiral **104** Variegated fritillary **105** Lobster moth **106** Woolly bear **107** Cinnabar moth **108** Oak tussock moth **109** Marbled white **110** Mottled umber **111** Saltmarsh moth **112** Lappet moth **113** Knot grass moth **114** Mexican fritillary **115** Buff ermine **116** Yellow-tail **117** Garden tiger **118** Tobacco hornworm **119** Drinker moth **120** Oleander hawkmoth **121** Cabbage white **122** Rustic **123** Fall armyworm **124** Willow beauty **125** Grapevine moth **126** Autumn leaf **127** Grey dagger **128** Gulf fritillary **129** Vapourer moth **130** Eyed silkmoth **131** Giant owl **132** Giant leopard moth **133** Hickory horned devil **134** Drury's jewel moth **135** Common pasha butterfly

Very hungry caterpillars

From the moment they hatch, caterpillars have only one thing on their mind: eating. Some eat so much food and grow so fast that they increase their weight by 10,000 times in a few weeks. But the caterpillars themselves make a nutritious meal for lots of other animals. So they have evolved a range of defences, including long, itchy hairs, deadly poisons, and fabulous disguises.

Hatching out
Caterpillars hatch from tiny eggs. Each female butterfly or moth lays hundreds of tiny eggs, usually on leaves, stems, or twigs. The baby caterpillars hatch within a few days or weeks and often start life by eating their egg cases.

Caterpillar parts
A caterpillar is essentially an eating machine. Its sausage-shaped body has flexible skin that allows it to grow, unlike the rigid body armour of an adult insect. Much of the head is taken up by massive jaws, while the inside of its body has a huge digestive system to process large amounts of food.

Leaf munchers
Most caterpillars eat leaves and are fussy about which plants they feed on. They feed in groups, starting with the juiciest leaves at the tips of shoots before working around the plant. Unlike our mouths, caterpillar mouths open and close sideways.

True legs
Like all insects, caterpillars have six jointed legs. They are used to grip food.

Head
The head has chewing mouthparts and six eyes on each side.

Sharp spikes
The black spikes are an extra defence and make the caterpillar look unappetizing.

Regal moth caterpillar

Horn
The fearsome horns earned this caterpillar the nickname "horned devil". They help scare away predators.

Prolegs
Prolegs are stubby and soft, unlike true legs. The caterpillar has ten and uses them to crawl and climb.

New skin

Old skin

Growing
Caterpillar skin can stretch but only up to a point, so caterpillars have to shed it to grow. This is called moulting and happens four times during development. Some caterpillars change colour and pattern when they moult.

Breathing hole
Caterpillars breathe air through holes called spiracles.

Claspers
The last set of prolegs are called claspers and have a powerful grip.

Don't eat me!
Pretending to be something else is an excellent defence. Some of the things that caterpillars mimic, such as bird droppings, are nasty to eat, while others, such as snakes, are venomous and dangerous.

Fake poo
The caterpillar of the spicebush swallowtail butterfly is disguised as bird poo, so can feed in the open without fear of being eaten.

On the march
The caterpillars of the gypsy moth move around in swarms, protected by their long hairs. For these caterpillars, there is safety in numbers – it's better to be part of a crowd.

Fake snake
If threatened, the sphinx moth caterpillar lifts up and inflates the front part of its body. It looks scarily like a tree snake, complete with large staring "eyes".

20

Chrysalises and cocoons

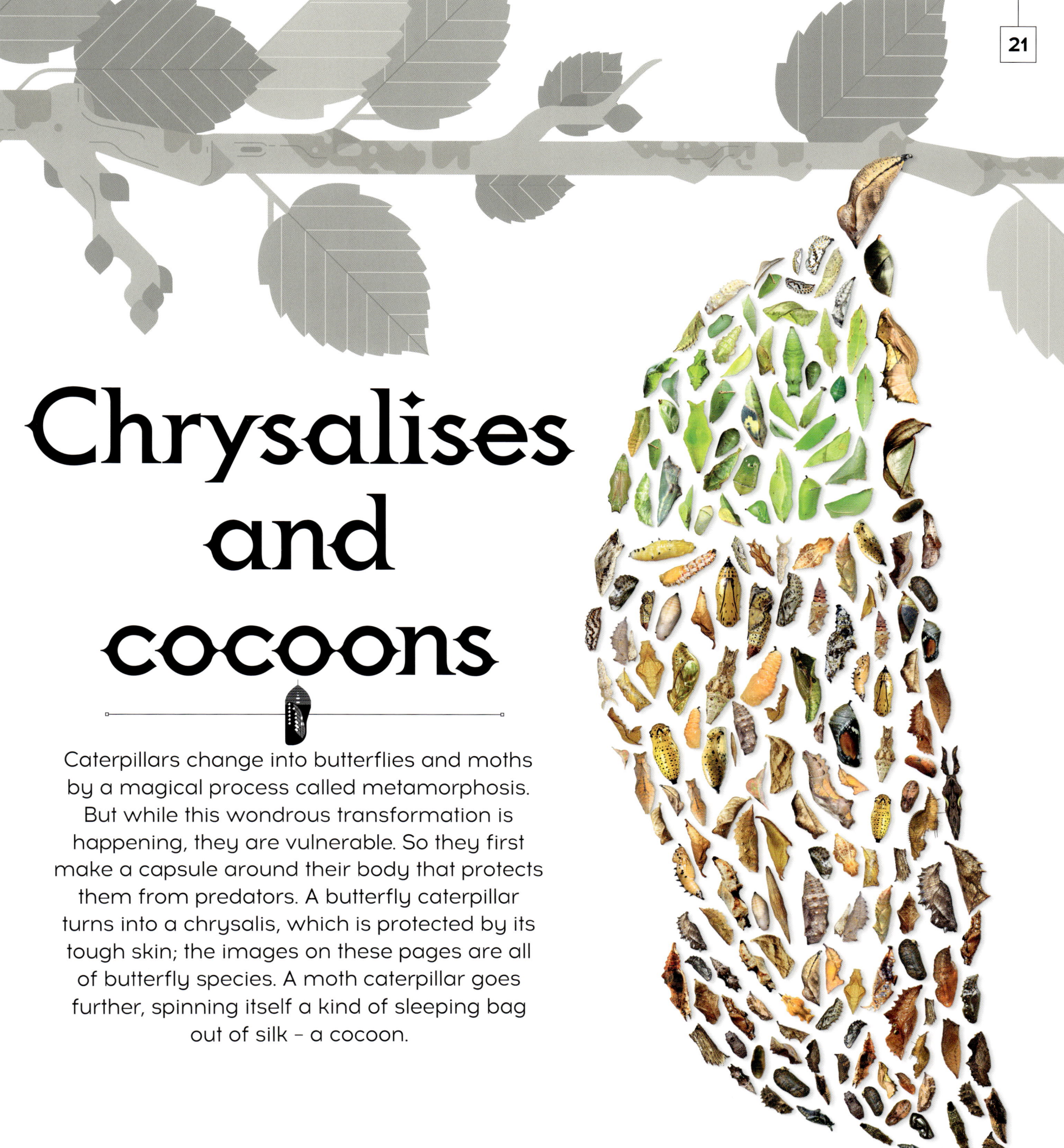

Caterpillars change into butterflies and moths by a magical process called metamorphosis. But while this wondrous transformation is happening, they are vulnerable. So they first make a capsule around their body that protects them from predators. A butterfly caterpillar turns into a chrysalis, which is protected by its tough skin; the images on these pages are all of butterfly species. A moth caterpillar goes further, spinning itself a kind of sleeping bag out of silk – a cocoon.

1 Autumn leaf **2** Baltimore checkerspot **3** Persian fritillary **4** Marsh fritillary **5** Cabbage white **6** Blue morpho **7** American lady **8** Golden birdwing **9** Archduke **10** Orange tip **11** Painted lady **12** Monarch **13** Blue triangle **14** Tailed jay **15** Lime butterfly **16** Chocolate albatross **17** Cabbage white **18** Cairns birdwing **19** Cabbage white **20** Forest pearl charaxes **21** Blue morpho **22** Common jay **23** Great orange tip **24** Southern dogface **25** Palm king **26** Tabby **27** Common birdwing **28** Peacock butterfly **29** Common mormon **30** Orange-barred sulphur **31** Swallowtail **32** Common nawab **33** Banded mormon **34** Queen butterfly **35** Purple emperor **36** Common palmfly **37** White angled-sulphur **38** Black prince **39** Small yellow sailer **40** Chinese bushbrown **41** Common tiger **42** Clouded yellow **43** Blue tiger **44** Clearwing **45** Grecian shoemaker **46** Brimstone **47** Striped tiger **48** Common grass yellow **49** Bath white **50** Great mormon **51** Blue wave **52** Black swallowtail **53** Black hairstreak **54** Painted jezebel **55** Yellow coster **56** Paper kite **57** Green-veined white **58** Common sergeant **59** Zebra longwing **60** Chinese windmill **61** Small tortoiseshell **62** Paper kite **63** Adonis blue **64** Cairns birdwing **65** Viceroy **66** Brown hairstreak **67** Common archduke **68** Lurcher **69** Variegated fritillary **70** Baluchi fritillary **71** Common map **72** Marbled white **73** Spotted fritillary **74** Camberwell beauty **75** Golden birdwing **76** Orange-spotted tiger clearwing **77** Yellow helen **78** Striped blue crow **79** Blue wave **80** Leopard lacewing **81** Scarce swallowtail **82** Plain tiger **83** Common five-ring **84** Cloudless sulphur **85** Paper kite **86** Giant owl **87** Common lascar **88** Swallowtail **89** Cream-striped owl **90** Red admiral **91** Common maplet **92** Idomeneus giant owl **93** Pipevine swallowtail **94** Purple hairstreak **95** Holly blue **96** Variable cracker **97** Forest mother-of-pearl **98** Postman **99** Marbled fritillary **100** Grey pansy **101** Polyxena giant owl **102** Gulf fritillary **103** Redspot jezebel **104** Blue admiral **105** Question mark **106** Blackvein sergeant **107** Argynnis vorax **108** Commander **109** Queen of Spain fritillary **110** Argynnis zenobia **111** Silver-washed fritillary **112** Common buckeye **113** Common rose **114** Forest giant owl **115** Scarce blue diadem **116** Comma **117** White admiral **118** Unknown species **119** Common crow **120** Julia butterfly **121** Blue pansy **122** Great eggfly **123** Tiger swallowtail **124** Variable diadem

The caterpillar fastens its tail to a plant with a pad of sticky silk.

Common swallowtail caterpillar

Its outer skin loosens and separates from the new green skin underneath.

The head capsule and feet peel off with the old skin.

The chrysalis starts to emerge.

Becoming a chrysalis

As soon as butterfly caterpillars complete their development, they search for somewhere safe to turn into a chrysalis. Each species chooses a different place. Many attach to plants. Others burrow in soil and a few even hide in water.

Shape shifters

A chrysalis or cocoon seems lifeless, but the creature that made it is very much alive. Hidden inside, the former caterpillar is busy taking its body apart to regenerate as a butterfly or moth. The process begins when the caterpillar's organs are digested using chemicals called enyzmes. This makes a sort of strange soup. Over several days or weeks, cells in the soup reassemble to build a whole new body.

The female butterfly lays each egg on a separate leaf.

Egg

Bold stripes warn predators that the caterpillar is toxic.

Caterpillar

After four weeks of feeding, the caterpillar forms a chrysalis.

Chrysalis

The chrysalis spends winter attached to a plant stem. In summer the next year, a butterfly emerges.

Adult

Egg to adult

The life cycle of a butterfly has four stages. The female lays an egg, which hatches into a caterpillar, which forms a chrysalis, which turns into an adult butterfly. Usually, this takes one or two months, but in some species the chrysalis rests over winter and the butterfly emerges the following year.

The old skin will shrivel and drop off.

The skin hardens to form a tough case for the chrysalis.

Soft and flexible at first, the chrysalis wriggles out.

The butterfly's developing wings are visible folded inside.

Mirror skin

Most chrysalises are green or brown to hide them, but the chrysalis of the tiger clearwing butterfly has a different type of camouflage. It has a shiny, mirror-like surface that reflects its surroundings, helping it hide anywhere.

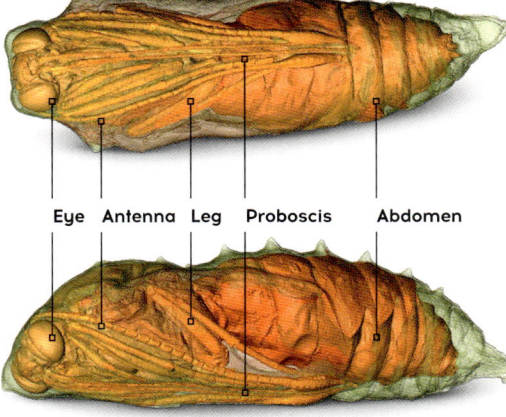

Eye Antenna Leg Proboscis Abdomen

Inside a chrysalis

This CT scan of a chrysalis reveals a painted lady butterfly developing inside. Cells from the caterpillar have formed new legs and wings, which are tightly packed and folded. The chrysalis is alert and can breathe. If disturbed, it squeaks in defence.

Snug cocoon

The silk moth caterpillar spins a silk cocoon using glands by its jaws. Moving its head from side to side, it weaves a single long strand of this sticky stuff into a beautiful structure.

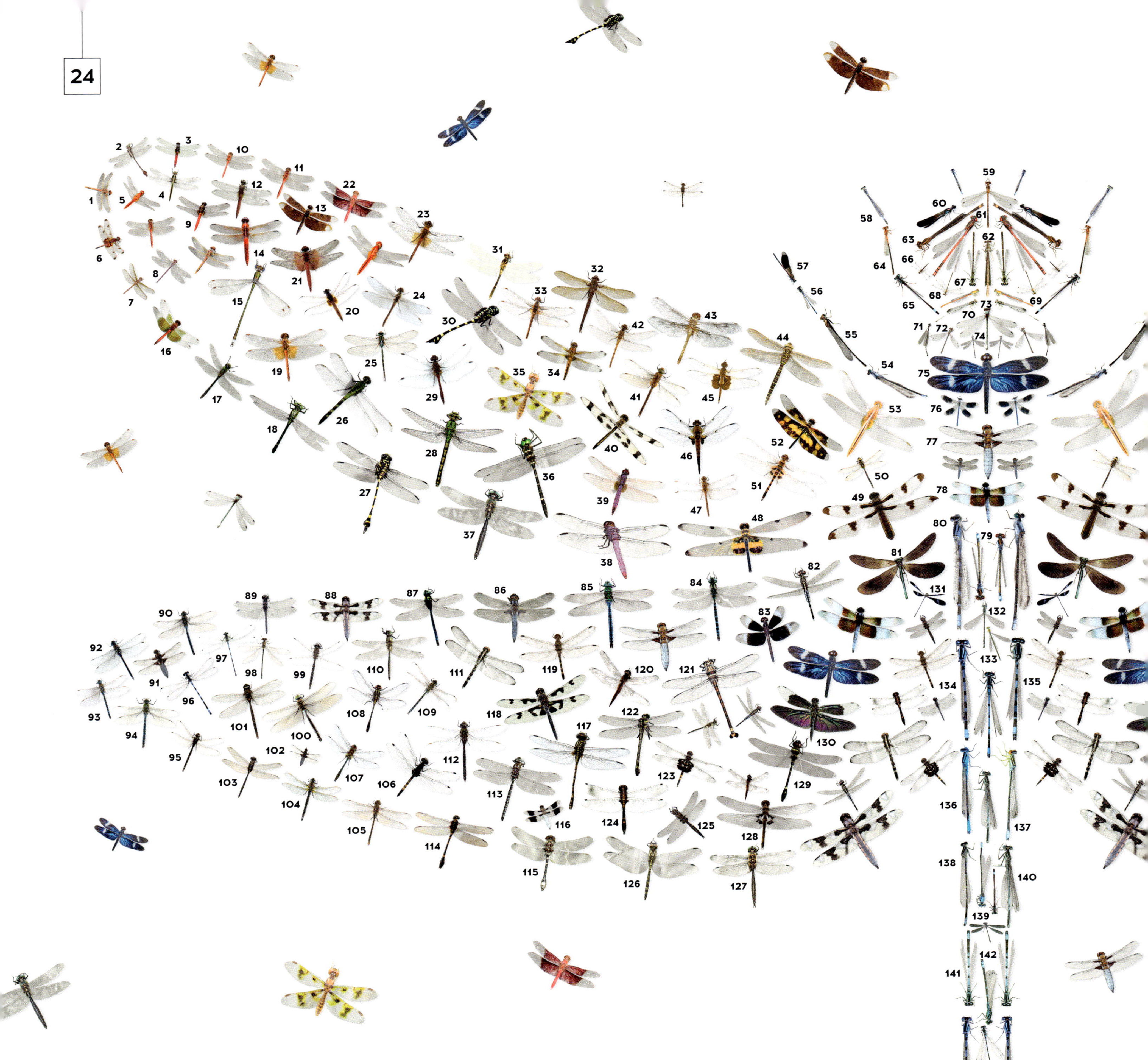

1 Variegated meadowhawk 2 Cobra clubtail 3 Crimson-tailed marsh hawk 4 Spangled skimmer 5 Ruddy marsh skimmer
6 Calico pennant 7 Keeled skimmer 8 Twilight darner 9 Brown-backed red marsh hawk 10 Ruby meadowhawk 11 Common darter 12 Coral-tailed cloudwing 13 Fulvous forest skimmer 14 Flame skimmer 15 Emerald spreadwing 16 Band-winged meadowhawk 17 Lesser green emperor 18 Eastern least clubtail 19 Yellow-winged darter 20 Crimson marsh glider 21 Kirby's dropwing 22 Sultan 23 Broad scarlet 24 Vagrant darter 25 Ground skimmer 26 Eastern pondhawk 27 Common clubtail 28 Green snaketail 29 Autumn meadowhawk 30 Common clubtail 31 White-faced darter 32 Brown hawker 33 Wandering glider 34 Scarce chaser 35 Eastern amberwing 36 Royal river cruiser 37 Alpine emerald 38 Roseate skimmer 39 Violet dropwing 40 Halloween pennant 41 Norfolk hawker 42 Common darter 43 White-faced meadowhawk 44 Southern hawker 45 Carolina saddlebags 46 Four-spotted chaser 47 Southern skimmer 48 Yellow-striped flutterer 49 Twelve-spotted skimmer 50 Baltic hawker 51 Red marsh trotter 52 Common picture wing 53 Asian amberwing 54 Powdered dancer 55 Blue-tipped dancer 56 Azure damselfly 57 Formosan damselfly 58 Eastern forktail 59 Northern spreadwing 60 Jewel damselfly 61 Small red damselfly 62 White feather-leg 63 Orange bluet 64 Scarce blue-tailed damselfly 65 Norfolk damselfly 66 Large red damselfly 67 Fragile forktail 68 Migrant spreadwing 69 Common citril 70 Yellow feather-leg 71 Long-tailed helicopter 72 Banded demoiselle 73 Willow emerald damselfly 74 Sweetflag spreadwing 75 Rainforest bluewing 76 Banded demoiselle 77 Black-tailed skimmer 78 Widow skimmer 79 Small red-eyed damselfly 80 River bluet 81 Ebony jewelwing 82 Trumpet tail 83 Pied percher 84 Lance-tipped darner 85 Blue-eyed hawker 86 Blue corporal 87 Azure hawker 88 Eight-spotted skimmer 89 Black darter 90 Green darner 91 Broad-bodied chaser 92 Migrant hawker 93 Southern migrant hawker 94 Blue emperor 95 Little forest darner 96 Northern damselfly 97 Common blue damselfly 98 Red-eyed damselfly 99 California darner 100 Lesser emperor 101 Shadow darner 102 Broad-bodied chaser 103 Slender skimmer 104 Hairy dragonfly 105 Vagrant emperor 106 Large white-faced darter 107 Downy emerald 108 Common clubtail 109 Southern hawker 110 Brilliant emerald 111 Blue dasher 112 Canada darner 113 Bog hawker 114 Golden-ringed dragonfly 115 Gomphomacromia paradoxa 116 Common whitetail 117 Rock hooktail 118 Banded pennant 119 Granite ghost 120 Spot-winged glider 121 Giant petaltail 122 Dragonhunter 123 Black saddlebags 124 Dot-tailed whiteface 125 Common baskettail 126 Jaunty dropwing 127 Northern emerald 128 Red-mantled saddlebags 129 Swift river cruiser 130 Butterfly dragonfly 131 Blue-winged helicopter 132 Lyre-tipped spreadwing 133 Saffron-faced blue dart 134 Dainty damselfly 135 Southern damselfly 136 Azure bluet 137 Rainbow bluet 138 Stream bluet 139 Blue-fronted dancer 140 White-legged damselfly 141 Blue-tailed damselfly 142 Irish damselfly 143 Variable damselfly 144 Familiar bluet 145 Coral-fronted threadtail 146 Sedge sprite 147 Double-striped bluet 148 Skimming bluet 149 Citrine forktail 150 Great pondhawk

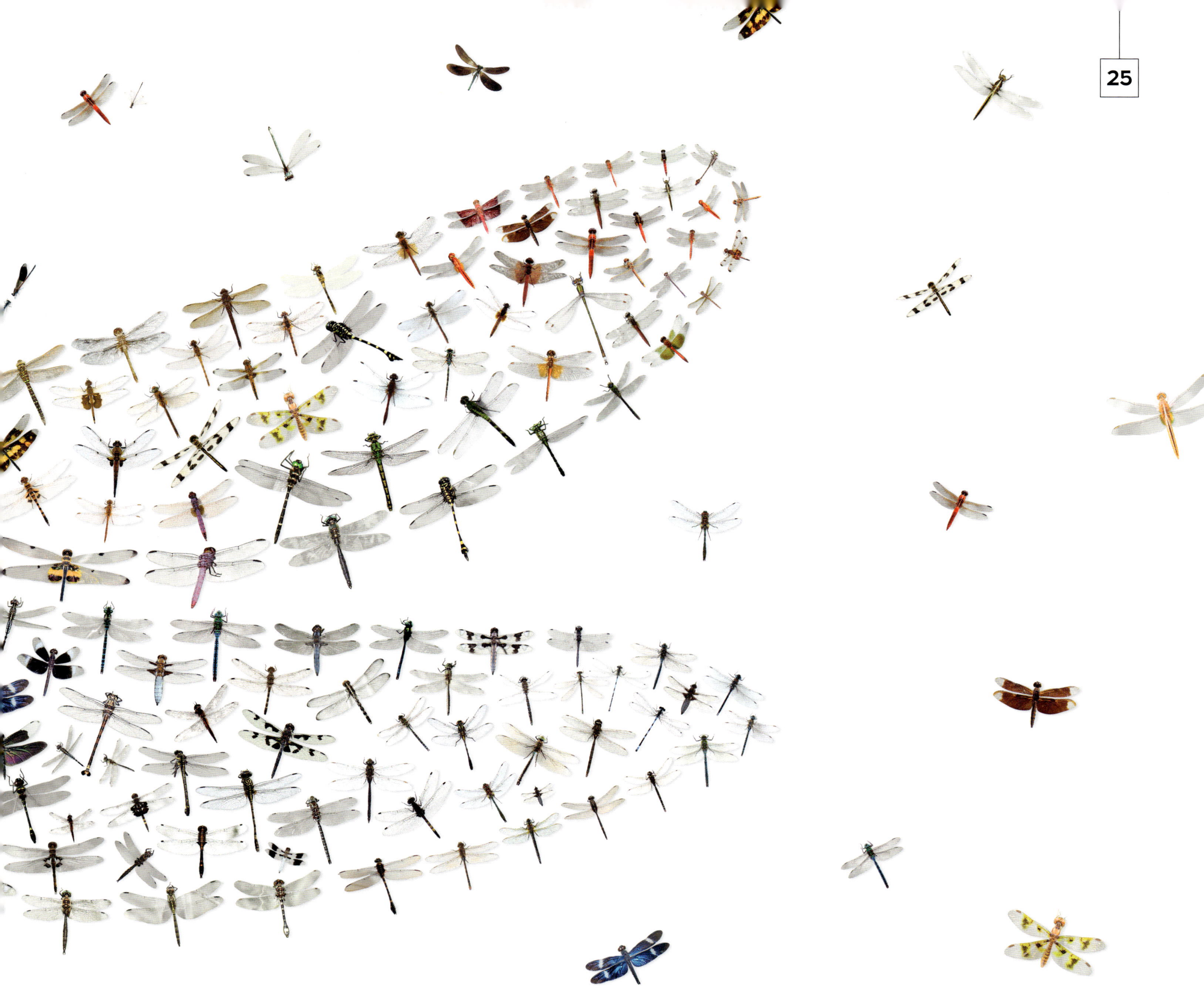

Dragonflies and damselflies

The ancestors of dragonflies first appeared roughly 300 million years ago, which makes these goggle-eyed predators some of the most ancient insects on Earth. Masters of the air, they dart to and fro with breathtaking speed and agility, their flickering wings a blur. You may spot them patrolling freshwater habitats of every kind, including rivers and ponds.

Dragons and damsels

Dragonflies live alongside another group of fierce and agile wetland predators, the damselflies. It can be hard to tell them apart, so look out for the following differences.

Dragonfly
Usually dragonflies are strongly built, with enormous eyes that touch in the middle. They rest with their wings spread out, and the rear pair are wider.

Damselfly
Damselflies usually have slender bodies and look daintier than dragonflies. There is a gap between their eyes. Both pairs of wings are the same size and they are closed when not in flight.

Aerial assassins

Dragonflies catch prey in mid-air and are among the deadliest predators we know. Up to 95 per cent of their hunts result in a kill. Mostly they target small flying insects, which they race after and grab with their long bristly legs. Their close cousins, also predators, are called damselflies.

Anatomy of a killer

Dragonflies and damselflies are equipped with two pairs of wings. Their long abdomen (the rear body section) looks like a tail. Most of their head is occupied by gigantic eyes. Called compound eyes, these contain thousands of individual lenses used to hunt by vision.

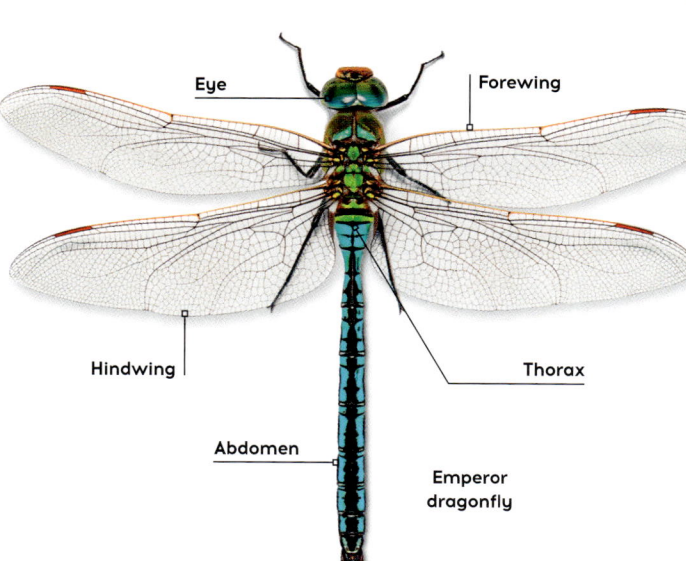

Eye | Forewing | Hindwing | Thorax | Abdomen
Emperor dragonfly

All-round vision
The giant eyes can spot prey in any direction.

Jaws
The powerful jaws have saw-tooth edges for slicing the bodies of prey.

Lower jaw closed

Lower jaw extended

Surprise attack

We call the larvae of dragonflies and damselflies nymphs. They live underwater, using gills to breathe, and like the adults they are ferocious predators. Their large lower jaw unhinges and shoots forwards at lightning speed to snatch prey.

White-faced darter dragonfly

The old skin has a ghostly imprint of their former body.

Tightly folded at first, the wings will expand as blood pumps through them.

Antenna
The two antennae sense air movement to help with flight control.

The new dragonfly's legs are soft but rapidly harden.

Common blue damselfly

Becoming adult

After several years developing in water, dragonfly nymphs climb out and crawl up a plant stem. Over one or two hours, the nymph's skin splits, an adult wriggles out, and its wings expand and harden ready for flight. Unlike the nymphs, adult dragonflies live for only a few weeks.

Compound eye
The compound eye of a damselfly contains about 8,000 lenses.

Aerial acrobats

In dragonflies and damselflies, each wing is powered by its own flight muscles. All four wings therefore move independently, which is why these insects are so acrobatic. They can fly sideways, backwards, loop the loop, and do backflips in the air.

The thorax houses powerful flight muscles.

Wings beat independently.

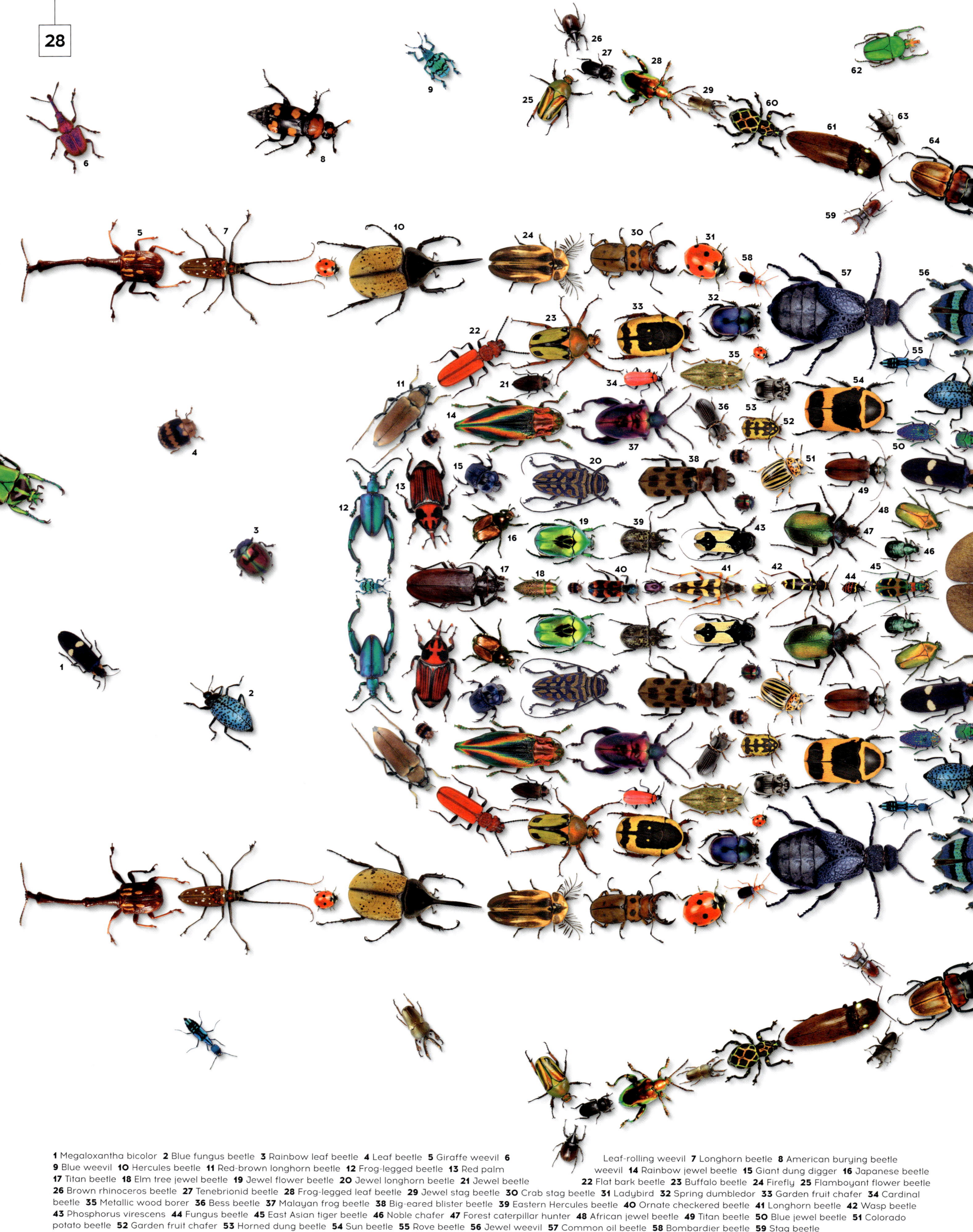

1 Megaloxantha bicolor 2 Blue fungus beetle 3 Rainbow leaf beetle 4 Leaf beetle 5 Giraffe weevil 6 Leaf-rolling weevil 7 Longhorn beetle 8 American burying beetle 9 Blue weevil 10 Hercules beetle 11 Red-brown longhorn beetle 12 Frog-legged beetle 13 Red palm weevil 14 Rainbow jewel beetle 15 Giant dung digger 16 Japanese beetle 17 Titan beetle 18 Elm tree jewel beetle 19 Jewel flower beetle 20 Jewel longhorn beetle 21 Jewel beetle 22 Flat bark beetle 23 Buffalo beetle 24 Firefly 25 Flamboyant flower beetle 26 Brown rhinoceros beetle 27 Tenebrionid beetle 28 Frog-legged leaf beetle 29 Jewel stag beetle 30 Crab stag beetle 31 Ladybird 32 Spring dumbledor 33 Garden fruit chafer 34 Cardinal beetle 35 Metallic wood borer 36 Bess beetle 37 Malayan frog beetle 38 Big-eared blister beetle 39 Eastern Hercules beetle 40 Ornate checkered beetle 41 Longhorn beetle 42 Wasp beetle 43 Phosphorus virescens 44 Fungus beetle 45 East Asian tiger beetle 46 Noble chafer 47 Forest caterpillar hunter 48 African jewel beetle 49 Titan beetle 50 Blue jewel beetle 51 Colorado potato beetle 52 Garden fruit chafer 53 Horned dung beetle 54 Sun beetle 55 Rove beetle 56 Jewel weevil 57 Common oil beetle 58 Bombardier beetle 59 Stag beetle

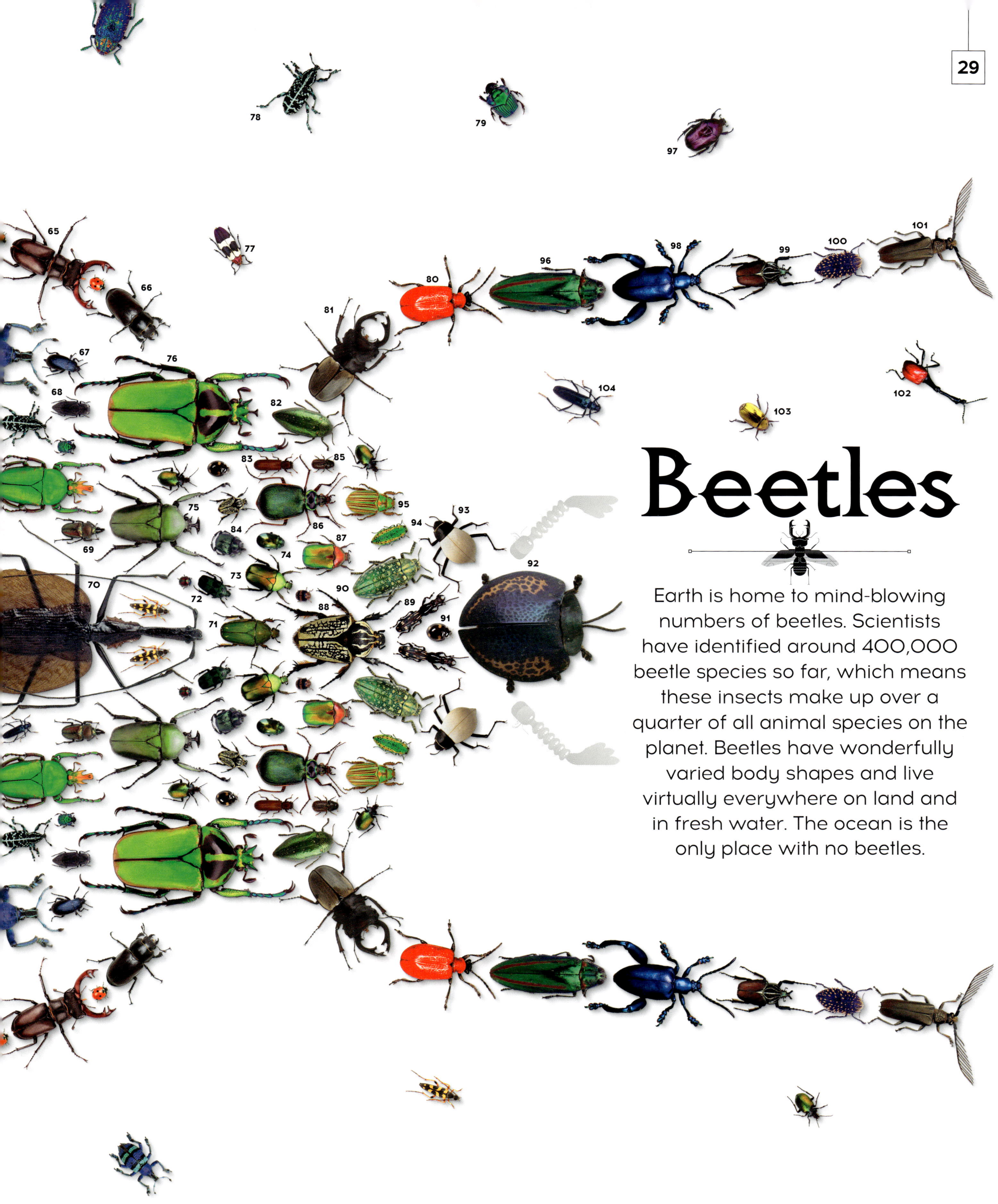

Beetles

Earth is home to mind-blowing numbers of beetles. Scientists have identified around 400,000 beetle species so far, which means these insects make up over a quarter of all animal species on the planet. Beetles have wonderfully varied body shapes and live virtually everywhere on land and in fresh water. The ocean is the only place with no beetles.

60 Exotic weevil **61** Headlight elater **62** African flower beetle **63** Stag beetle **64** Odontolabis sommeri **65** Stag beetle (male) **66** Stag beetle (female) **67** Churchyard beetle **68** Black fire beetle **69** Rainbow stag beetle **70** Violin beetle **71** Giant flower beetle **72** Macleay's flower beetle **73** Green June beetle **74** Mint leaf beetle **75** Rose chafer **76** African flower beetle **77** Banded jewel beetle **78** Botany Bay weevil **79** Rhinoceros dung beetle **80** Lily leaf beetle **81** Stag beetle (male) **82** Jewel beetle **83** Powderpost beetle **84** Dung digger **85** Mountain pine beetle **86** Caterpillar hunter **87** Rose chafer **88** Goliath beetle **89** Oak timberworm weevil **90** Brush jewel beetle **91** Harlequin ladybird **92** African ground beetle **93** Flour beetle **94** Metallic wood borer **95** Jewel scarab **96** Jewel beetle **97** Flower beetle **98** Frog-legged leaf beetle **99** Goliath beetle **100** African jewel beetle **101** Wallace's longhorn beetle **102** Giraffe-necked weevil **103** Golden jewel scarab **104** Aphrodisium sinicum

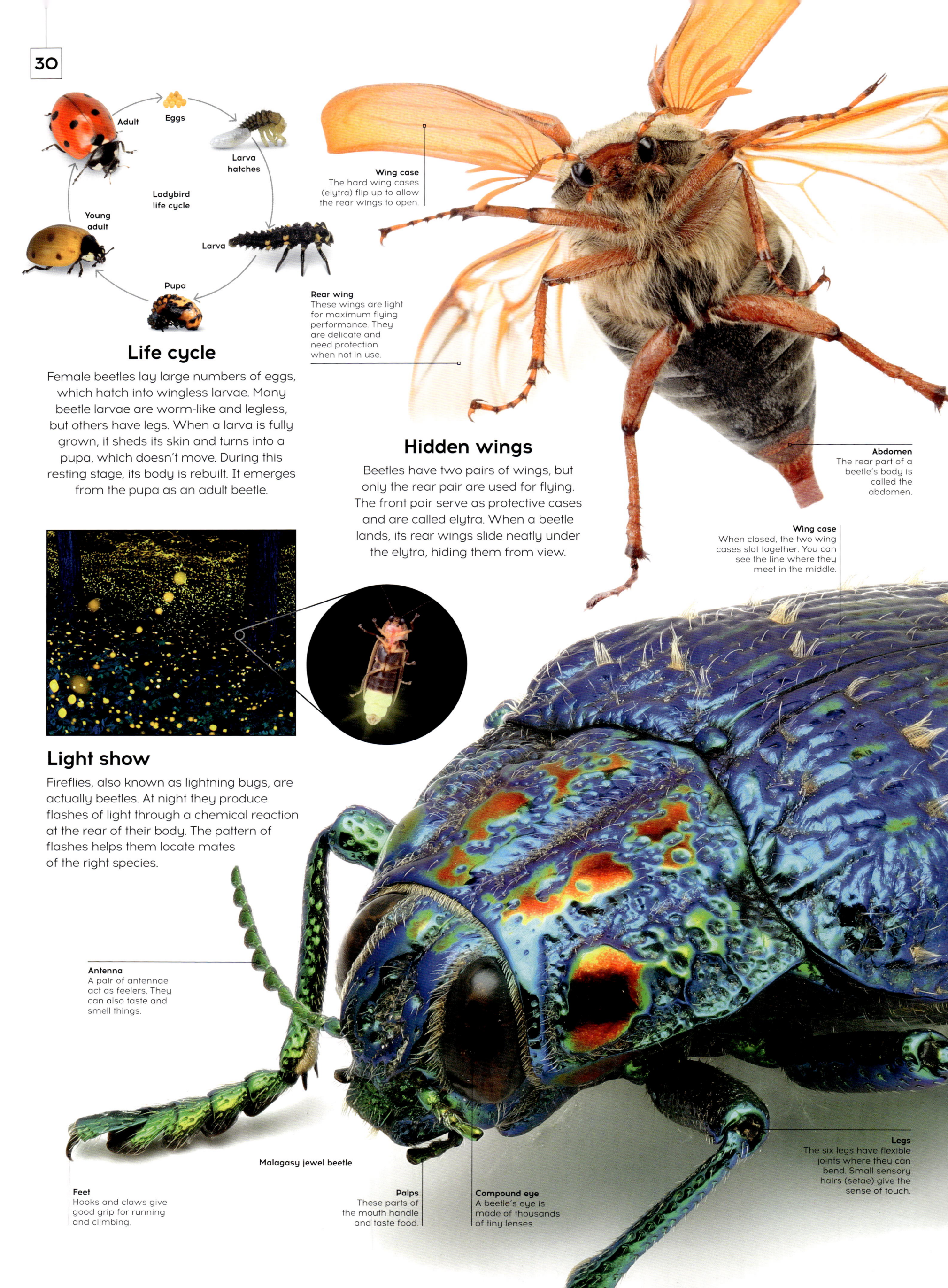

Life cycle

Female beetles lay large numbers of eggs, which hatch into wingless larvae. Many beetle larvae are worm-like and legless, but others have legs. When a larva is fully grown, it sheds its skin and turns into a pupa, which doesn't move. During this resting stage, its body is rebuilt. It emerges from the pupa as an adult beetle.

Wing case
The hard wing cases (elytra) flip up to allow the rear wings to open.

Rear wing
These wings are light for maximum flying performance. They are delicate and need protection when not in use.

Hidden wings

Beetles have two pairs of wings, but only the rear pair are used for flying. The front pair serve as protective cases and are called elytra. When a beetle lands, its rear wings slide neatly under the elytra, hiding them from view.

Abdomen
The rear part of a beetle's body is called the abdomen.

Wing case
When closed, the two wing cases slot together. You can see the line where they meet in the middle.

Light show

Fireflies, also known as lightning bugs, are actually beetles. At night they produce flashes of light through a chemical reaction at the rear of their body. The pattern of flashes helps them locate mates of the right species.

Antenna
A pair of antennae act as feelers. They can also taste and smell things.

Malagasy jewel beetle

Feet
Hooks and claws give good grip for running and climbing.

Palps
These parts of the mouth handle and taste food.

Compound eye
A beetle's eye is made of thousands of tiny lenses.

Legs
The six legs have flexible joints where they can bend. Small sensory hairs (setae) give the sense of touch.

Brilliant beetles

Vein
A network of veins gives the wings strength.

There are beetles that climb rainforest trees, run across desert sand, swim in ponds, and even burrow in wood, soil, and dung. One of the reasons beetles thrive in so many habitats is that their mouthparts can adapt to eat just about anything – so long as it's organic. Beetles play an essential part in ecosystems as predators, plant eaters, and decomposers.

Mouthparts
Most beetles have strong mouthparts adapted to bite into food and chew or crush it. Many of them eat animals, but others are plant eaters. All parts of plants, from roots and shoots to solid wood, are devoured by some kind of beetle.

Diving beetle
Diving beetles are pond predators that hide among water weed to take their prey by surprise. Tadpoles, newts (above), and small fish are all on their menu.

Tiger beetle
Tiger beetles have sawtooth jaws to seize their victims. They are among the world's fastest insects – some chase prey at speeds of up to 125 body lengths a second.

Exoskeleton
The exoskeleton of a jewel beetle reflects light in a way that creates jewel-like blue and green hues. These camouflage them among leaves.

Beetle battles
Stag beetles do all their eating while they are larvae. As adult beetles they no longer need to feed, and instead the male beetles use their gigantic jaws to wrestle over females. The winner is the fighter that throws its opponent to the ground.

Suit of armour
Like all insects, a beetle has a tough body casing called an exoskeleton, meaning "outside skeleton". It's made of chitin, which is extremely strong, see-through stuff. The exoskeleton stops the beetle drying out and offers protection against predators and wear and tear.

Giant jaws
The stag beetle's jaws may look fearsome but they have a weak bite and cannot harm a human.

Stick and leaf insects

These weird and wonderful insects are able to sit in the open in plain sight without fear of being seen. Every part of them, from their shape to their colour and texture, brilliantly copies the sticks and leaves in their forest homes. Their sensational camouflage evolved over thousands of years until it became perfect down to the smallest detail.

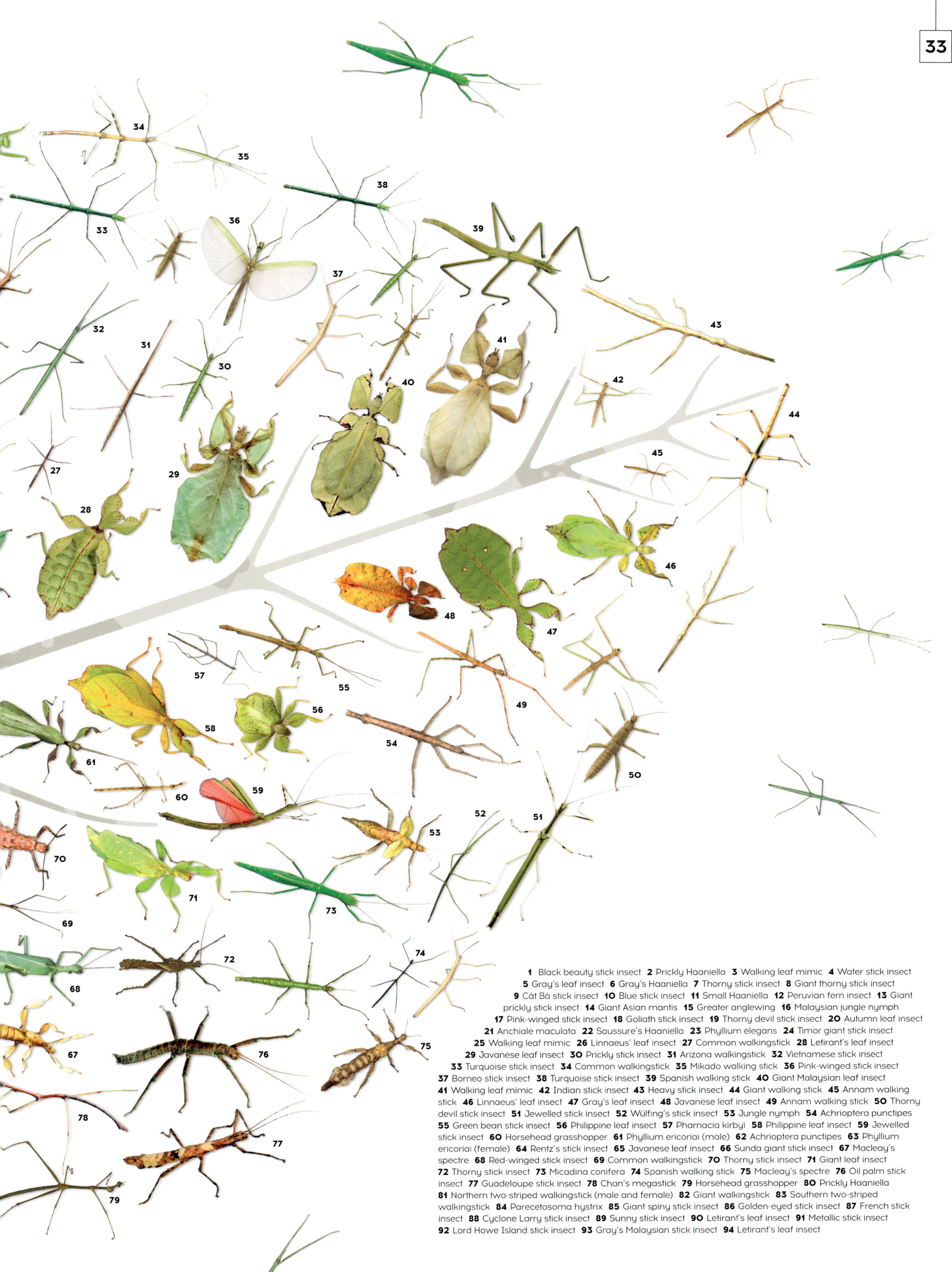

1 Black beauty stick insect **2** Prickly Haaniella **3** Walking leaf mimic **4** Water stick insect **5** Gray's leaf insect **6** Gray's Haaniella **7** Thorny stick insect **8** Giant thorny stick insect **9** Cát Bà stick insect **10** Blue stick insect **11** Small Haaniella **12** Peruvian fern insect **13** Giant prickly stick insect **14** Giant Asian mantis **15** Greater anglewing **16** Malaysian jungle nymph **17** Pink-winged stick insect **18** Goliath stick insect **19** Thorny devil stick insect **20** Autumn leaf insect **21** Anchiale maculata **22** Saussure's Haaniella **23** Phyllium elegans **24** Timor giant stick insect **25** Walking leaf mimic **26** Linnaeus' leaf insect **27** Common walkingstick **28** Letirant's leaf insect **29** Javanese leaf insect **30** Prickly stick insect **31** Arizona walkingstick **32** Vietnamese stick insect **33** Turquoise stick insect **34** Common walkingstick **35** Mikado walking stick **36** Pink-winged stick insect **37** Borneo stick insect **38** Turquoise stick insect **39** Spanish walking stick **40** Giant Malaysian leaf insect **41** Walking leaf mimic **42** Indian stick insect **43** Heavy stick insect **44** Giant walking stick **45** Annam walking stick **46** Linnaeus' leaf insect **47** Gray's leaf insect **48** Javanese leaf insect **49** Annam walking stick **50** Thorny devil stick insect **51** Jewelled stick insect **52** Wülfing's stick insect **53** Jungle nymph **54** Achrioptera punctipes **55** Green bean stick insect **56** Philippine leaf insect **57** Pharnacia kirbyi **58** Philippine leaf insect **59** Jewelled stick insect **60** Horsehead grasshopper **61** Phyllium ericoriai (male) **62** Achrioptera punctipes **63** Phyllium ericoriai (female) **64** Rentz's stick insect **65** Javanese leaf insect **66** Sunda giant stick insect **67** Macleay's spectre **68** Red-winged stick insect **69** Common walkingstick **70** Thorny stick insect **71** Giant leaf insect **72** Thorny stick insect **73** Micadina conifera **74** Spanish walking stick **75** Macleay's spectre **76** Oil palm stick insect **77** Guadeloupe stick insect **78** Chan's megastick **79** Horsehead grasshopper **80** Prickly Haaniella **81** Northern two-striped walkingstick (male and female) **82** Giant walkingstick **83** Southern two-striped walkingstick **84** Parecetosoma hystrix **85** Giant spiny stick insect **86** Golden-eyed stick insect **87** French stick insect **88** Cyclone Larry stick insect **89** Sunny stick insect **90** Letirant's leaf insect **91** Metallic stick insect **92** Lord Howe Island stick insect **93** Gray's Malaysian stick insect **94** Letirant's leaf insect

Leaf insects

These three leaf insects all belong to the same species from Thailand, but their colours vary from fresh green to the yellows and browns of dead leaves. They have ridges on their bodies that mimic leaf veins, as well as freckles and blotches that look like spots of decay. Even their legs mimic half-eaten leaves.

The abdomen is wide and flat, unlike the slender abdomen of most insects.

Leaf insects have chewing mouthparts to bite into edges of leaves.

The feet mimic leaf stalks.

Walking leaf

Other fakers

Stick and leaf insects make up a branch of the insect family tree known as phasmids. However, many other animals imitate plants too. Most do so to hide from their enemies, but some are predators who use the disguise to ambush prey.

Flowers
Orchid mantises are so flower-like that butterflies fly up to them for a meal of nectar – and get eaten instead. The disguise hides the mantises from predators of their own, too.

Thorns
Some leaf-hoppers are disguised as sharp thorns. The camouflage fools insect-eating birds, allowing the leaf-hopper to feed in peace.

Bark
When leaf-tailed geckos rest on trees, they seem to vanish. Their secret trick is a bark-patterned frill around the legs and body that conceals their shadow.

Sticks
Jumping sticks are unusual grasshoppers that live in trees. They have evolved the same sort of camouflage as stick insects, though are not related to them.

Masters of disguise

To avoiding giving themselves away, stick and leaf insects can sit as still as statues for hours and can walk extremely slowly. When the wind blows through the treetops, they sway to mimic the movement of twigs and leaves. All these tricks help hide them from predators such as birds, geckos, and monkeys.

Winging it

Some stick and leaf insects have wings, often in striking colours, but they can't fly. They flick open the wings to startle predators or to glide short distances.

The slender wings lie along the abdomen.

Male stick insects usually have longer antennae than the females.

Stick insects

The legs, antennae, and bodies of stick insects all resemble twigs. Some species also have small thorns or patterns like bark to complete the disguise. Stick insects can grow to 62 cm (2 ft) long including outstretched legs, which makes them the world's longest insects.

Hidden eggs

Even the eggs of stick and leaf insects are camouflaged. They look like seeds and, like many seeds, have a nutritious capsule at one end to attract ants. Ants take the eggs to their nests, where the insects hatch and develop in safety.

Eggs

Eggs are some of the most extraordinary objects in nature – every one holds the promise of new life. All birds lay them, just like their ancestors the dinosaurs once did. The shells are made of calcium carbonate, a white chalky material. But pigments in the shell can create gorgeous colours and complex patterns of freckles, splodges, and swirling lines, as if someone has doodled on the surface. No two bird eggs are ever exactly the same.

1 Mallard **2** Common cuckoo **3** Nightingale **4** Eurasian nuthatch **5** Himalayan shortwing **6** Pied avocet **7** Small-billed tinamou **8** Savi's warbler **9** Streak-eared bulbul **10** Kestrel **11** Chicken **12** Steppe eagle **13** Cormorant **14** White stork **15** Hamerkop **16** Grey heron **17** Great tit **18** Chaffinch **19** Piapiac **20** Eurasian blackcap **21** Collared pratincole **22** San Blas jay **23** Ringed plover **24** Common oystercatcher **25** Coot **26** Woodcock **27** European greenfinch **28** Black woodpecker **29** Ostrich **30** Crab plover **31** Marsh warbler **32** Hummingbird **33** Green broadbill **34** Mute swan **35** Spoonbill **36** Red kite **37** Riflebird **38** Black grouse **39** Moorhen **40** Red wattled lapwing **41** Black-headed gull **42** Lesser nighthawk **43** Northern mockingbird **44** Sandhill crane **45** Common kingfisher **46** House finch **47** Rose-ringed parakeet **48** Brown kiwi **49** Gannet **50** Linnet **51** Great tinamou **52** Blue jay **53** Greater rhea **54** Barn owl **55** Greater flamingo **56** King penguin **57** Marsh owl **58** Willow warbler **59** Malaysian pied fantail **60** Blue crane **61** Whitethroat **62** Caspian tern **63** Golden eagle **64** Peregrine falcon **65** Greater golden plover **66** Jungle crow **67** House sparrow **68** Osprey **69** Sedge warbler **70** Killdeer **71** Vulturine guineafowl **72** Rock wren **73** Hawfinch **74** Eider **75** Black swan **76** Domestic turkey **77** European starling **78** Great grey owl **79** Dunnock **80** Masked finfoot **81** White wagtail **82** Philippine nightjar **83** Jackdaw **84** Madagascar ibis **85** Atlantic puffin **86** Common quail **87** Chimango **88** Andean sparrow **89** Crested caracara **90** Black bulbul **91** Tree pipit **92** Northern lapwing **93** Wood warbler **94** Common raven **95** Common guillemot **96** Osprey **97** Reed bunting **98** Common guillemot **99** Smooth-billed ani **100** Common raven **101** Hooded crow **102** Common tern **103** Plain prinia **104** Common myna **105** Fieldfare **106** Grey heron **107** Southern cassowary **108** Bittern **109** Corn bunting **110** Richard's pipit **111** Cetti's warbler **112** Egyptian vulture **113** Grey butcherbird **114** Black-faced cuckooshrike **115** Black-winged stilt **116** Common gull **117** Common gull **118** Common goldeneye **119** Great reed warbler **120** Little ringed plover **121** American robin **122** Greater roadrunner **123** Blackbird **124** Song thrush **125** Grey catbird **126** White-bellied redstart **127** Green wood hoopoe **128** Rock ptarmigan **129** Guira cuckoo **130** Kentish plover **131** Australian emu

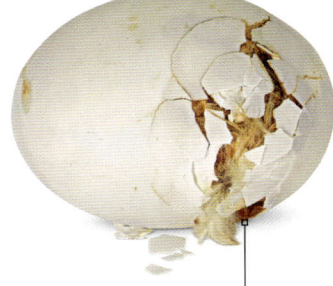

Cracking
Baby birds crack the shell from inside with an "egg tooth" – a hard tip on the beak.

Cutting
Next, the bird cuts a circle all the way round the shell.

Pushing
The duckling pushes to widen the crack.

Breaking
Finally the shell splits in two and the duckling falls out.

Born in a shell

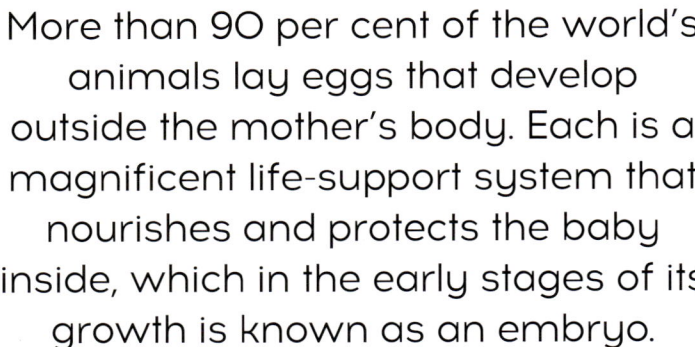

More than 90 per cent of the world's animals lay eggs that develop outside the mother's body. Each is a magnificent life-support system that nourishes and protects the baby inside, which in the early stages of its growth is known as an embryo.

Size and shape

Not all eggs are oval – they can be pointed at one end or perfectly round. Ostrich eggs, the largest eggs of all, are around 4,000 times heavier than the smallest hummingbird eggs. Bigger eggs take longer to develop and hatch.

Ostrich

Ruby-throated hummingbird

American robin

Common quail

Chicken

Southern cassowary

Keeping warm

Parent birds sit on their eggs to keep them warm. Most species press a patch of bare skin on their breast against the eggs to transfer heat from their body. But blue-footed boobies use their huge webbed feet instead.

Empty shell
The inside of the shell is lined with blood vessels that supplied the duckling.

Free at last
The duckling's fluffy feathers dry out and it takes its first steps.

Hatching out

Emerging from its egg is hard work for a duckling and can take a whole day. It starts by breaking into the egg's air pocket to fill its lungs with air. This gives it the strength to crack and split the shell.

Inside an egg

The growing embryo gets all the food and water it needs from the yolk and egg white. It receives air through tiny holes in the shell.

Yolk
The bright yellow yolk is full of fat. It also contains protein, vitamins, and minerals.

Egg white
Also called albumen, this gloopy substance is mostly water and protein.

Air space
The air stored here gives the chick its first breath before it hatches.

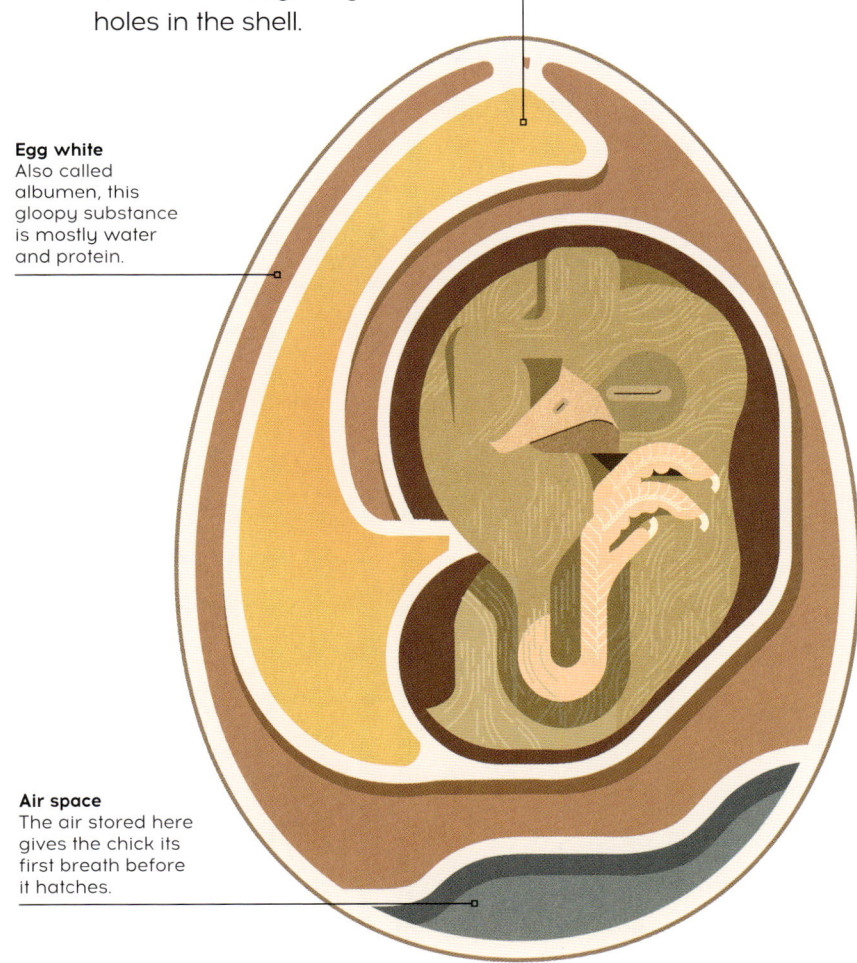

Extraordinary eggs

Animal eggs differ enormously. They may be soft- or hard-shelled, smooth or leathery, plain or boldly patterned. Frogs and other amphibians produce slimy, jelly-like eggs called spawn, which develop in water.

Leathery
Reptiles such as caimans lay leathery eggs, which they bury to keep warm. Higher temperatures cause more babies to develop into males. Cooler conditions produce females.

Hanging
Insects called lacewings hang their tiny eggs from leaves using strands of silk so that predators can't reach them.

See-through
The giant Pacific octopus lays hundreds of thousands of see-through eggs and guards them on the seabed or in an underwater cave.

Spiral
The eggs of horn sharks have a spiral shape like a screw. This helps them wedge between rocks on the sea floor, where they can develop in safety.

1 Peregrine falcon **2** Golden pheasant **3** Common chaffinch **4** Barn swallow **5** American robin **6** Rosella **7** Common cuckoo **8** Stork **9** Great tit
10 European starling **11** Rosy starling **12** Crow **13** Laughing kookaburra **14** Brown pelican **15** Barn owl **16** Kestrel **17** California quail **18** Eurasian sparrowhawk **19** Ring-necked parakeet **20** Blackbird **21** Rose-breasted grosbeak **22** Northern cardinal **23** Roadrunner **24** Rock dove **25** Pink-headed imperial-pigeon **26** Bald eagle **27** Montezuma oropendola **28** Eclectus parrot **29** Red-lored Amazon parrot **30** Common emerald dove **31** Grey-headed lovebird **32** Budgerigar **33** Rook **34** Guinea fowl **35** Long-tailed tit **36** Great spotted woodpecker **37** Eurasian nuthatch **38** Shoebill **39** House sparrow **40** Willow tit **41** King vulture **42** Violet-backed starling **43** Blue tit **44** American kestrel **45** Hoopoe **46** Eurasian wren **47** Magnificent frigatebird **48** Magpie **49** Eurasian treecreeper **50** Wilson's storm petrel **51** Great cormorant **52** Common blackbird **53** Superb starling **54** Blue-throated macaw **55** Conure **56** Blue dacnis **57** Red-tailed black cockatoo **58** Glossy black cockatoo **59** Acorn woodpecker **60** Black-legged kittiwake **61** Snowy egret

Feathers

Birds are the only living animals with feathers, and all birds have them. Feathers are miracles of nature that come in a multitude of colours and sizes. They are surprisingly tough yet weigh next to nothing. As well as equipping birds for flight, feathers provide warmth, waterproofing, camouflage, and snug linings for nests. Coloured feathers are great for showing off, and some birds can even make sounds to attract mates by vibrating their feathers.

62 Black-headed gull **63** Eurasian spoonbill **64** Secretary bird **65** Cockatiel **66** Ostrich **67** Snowy owl **68** Anna's hummingbird **69** Sulphur-crested cockatoo **70** Eclectus parrot **71** Galah **72** Scarlet macaw **73** African grey parrot **74** Scarlet ibis **75** Bird of paradise **76** Himalayan monal **77** Scarlet ibis **78** Greater flamingo **79** Northern cardinal **80** Wild turkey **81** Red-tailed hawk **82** Parrot **83** Red lory **84** Hyacinth macaw **85** Blue jay **86** Oscellated turkey **87** White-throated kingfisher **88** Eurasian jay **89** Kingfisher **90** Blue and yellow macaw **91** Mandarin duck **92** Common pheasant **93** Peacock **94** Green jay **95** Lilac-breasted roller **96** European greenfinch **97** European greenfinch **98** Budgerigar **99** Red kite **100** Golden eagle **101** Northern flicker **102** Mute swan **103** Red-legged honeycreeper **104** Goldfinch **105** Golden eagle **106** Guinea fowl **107** Great spotted woodpecker **108** Green woodpecker **109** Common buzzard **110** Turkey **111** Long-eared owl **112** Curlew **113** Zebra finch **114** Canada goose **115** Tawny owl **116** European robin **117** Mourning dove **118** Osprey **119** Common redstart **120** Common nightingale **121** King bird-of-paradise **122** Toucan **123** Herring gull **124** Rainbow lorikeet **125** Belted kingfisher **126** Woodcock **127** Turtle dove **128** Red-tailed black cockatoo **129** Scarlet tanager **130** Roseate spoonbill **131** Japanese quail **132** Lovebird **133** Monk parakeet **134** Cockatiel

Blue and gold macaw

Rows of wing feathers form a streamlined surface.

Fabulous feathers

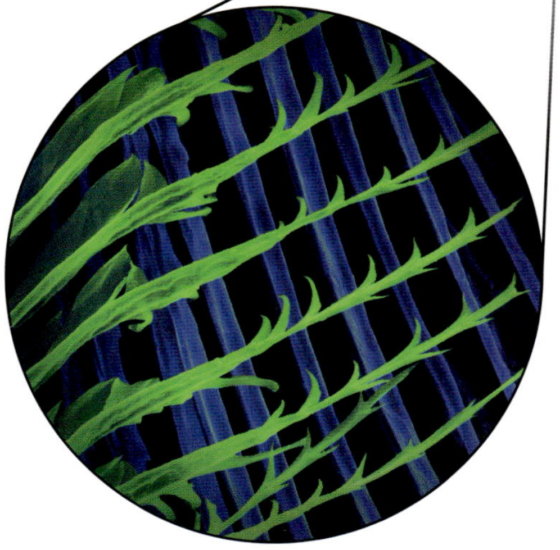

Feathers are made from a tough material called keratin, which hair and fur are also made of. However, unlike hair and fur, which are mostly shdes of brown, feathers come in a huge range of colours. Male and female birds often have feathers of different colours, as do breeding and non-breeding birds. Sometimes they look so different you might not realize they belong to the same species.

Locked together

In this microscope image of a feather, its side branches (barbs) are highlighted in blue. Between the barbs are many smaller branches, the barbules, highlighted in green. The barbules hook together, making the whole feather flat and smooth.

Feather care

Flamingos are unusual because their feathers' pink colour comes from their diet, mostly shrimps and algae. Like all birds, they preen daily, carefully running their bill through the plumage to get rid of dirt and return feathers to the right position. They take oil from a gland at the base of the tail and apply it to the feathers as waterproofing.

The base of the shaft is called the quill.

Types of feather

A bird's wings have strong flight feathers, whose large surface creates lift. Long tail feathers help with balance and steering. Contour feathers, which are fluffy at the base, cover the rest of the body. Under these is a layer of ultra-soft, fluffy down feathers for insulation.

Pheasant feathers

Tail feather

Primary flight feather

Secondary flight feather

Contour feather

Down feather

Life in the freezer

To survive the extremely harsh conditions in Antarctica, emperor penguins have a double layer of short, stiff feathers packed tightly together. This specialized plumage keeps the penguins warm, even when the air temperature falls as low as −40°C (−40°F). It also makes their bodies smooth and sleek so they can swim using less energy.

Parts of a feather

Each feather is supported by a central shaft that sprouts from the bird's skin. On both sides there are row after row of parallel branches, called barbs. These in turn have many smaller branches, called barbules, that overlap to create the flat part of the feather.

Shaft

Macaw feather

This flat area is called the vane.

Barbs

The peacock's tail feathers have spectacular eye-like markings.

Courtship colours

Male peacocks have magnificent tail feathers that they display to females in an effort to impress them. The elegant plumes are up to 2m long, with dazzling spots like huge staring eyes. The blue, green, and bronze shimmer of these feathers is produced not by pigments, but by the way that they scatter light.

Frogs and toads

Frogs and toads move between two very different worlds, as they begin life in water and then leave it to grow up on land. The adults, like other amphibians, have soft, moist skin through which they're able to breathe. Their glistening bodies are often green or brown to blend in, but they can also be fabulously bright and colourful to warn predators they are toxic.

1 European common frog **2** Blue poison dart frog **3** Red-eyed tree frog **4** Amazonian poison frog **5** North American leopard frog **6** Cauca poison frog **7** White's tree frog **8** African running frog **9** Yellow mantella **10** Golden mantella **11** Golden poison dart frog **12** Phantasmal poison frog **13** Red poison dart frog **14** Golden poison frog **15** Amani forest frog **16** European fire-bellied toad **17** Harlequin poison dart frog **18** Green mantella **19** Yellow-striped poison dart frog **20** Green tree frog **21** Green and black poison dart frog **22** Blue and black poison dart frog **23** Common water frog **24** Mimic poison frog **25** Blue poison dart frog **26** Blue poison dart frog **27** Pickerel frog **28** Majorcan midwife toad **29** Green paddy frog **30** Green frog **31** Paradoxical swimming frog **32** African clawed frog **33** Long-nosed horned frog **34** Chilean red-spotted toad **35** Tree frog **36** Northern leopard frog **37** Marsh frog **38** American toad **39** Edible frog **40** European common frog **41** European toad **42** Boulenger's Asian tree toad **43** Australian green tree frog **44** Southern leopard frog **45** Harlequin frog **46** Blue and black poison dart frog **47** Red-eyed tree frog **48** Pacific tree frog **49** European common frog **50** Green mantella **51** Red-eyed tree frog

52 Sierra Nevada yellow-legged frog **53** American green tree frog **54** White's tree frog **55** White's tree frog **56** Dyeing poison dart frog **57** Marsh frog **58** Waxy monkey leaf frog **59** Tinker reed frog **60** Tomato frog **61** American green tree frog **62** Golden poison dart frog **63** Green paddy frog **64** European common frog **65** Yellow-striped poison dart frog **66** Bumblebee poison dart frog **67** Bumblebee poison dart frog **68** Edible frog **69** Green and black mantella **70** Cope's grey tree frog **71** Green tree frog **72** Oriental fire-bellied toad **73** Yellow mantella **74** Golden poison frog **75** Lehmann's poison frog **76** Bumblebee poison dart frog **77** False tomato frog **78** West African fire frog **79** Cuban tree frog **80** Black torrent frog **81** Senegal running frog **82** Green climbing toad **83** Wood frog **84** Kassina frog **85** European common frog **86** Green and black poison dart frog **87** White's tree frog **88** Banded bullfrog **89** Red-headed poison frog **90** North American green toad

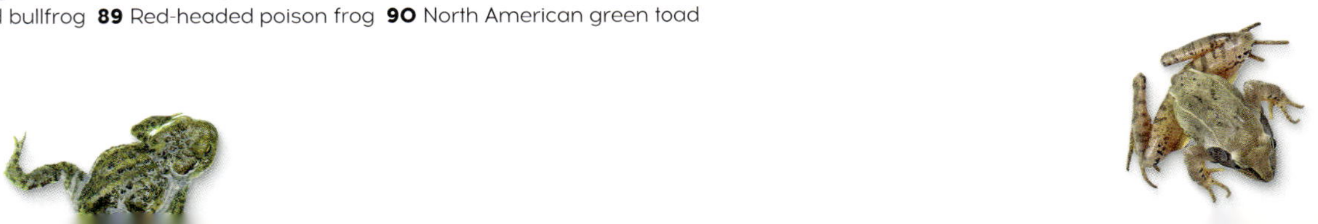

Detecting prey
A frog's eyes are highly sensitive to movement. When prey nearby moves, it triggers the instinct to attack. The large eyes have extra eyelids called nictitating membranes, which let the light through. These protect the eyes like goggles when swimming or burrowing.

Eyes
Bulging eyes allow frogs to see almost the whole way around at once.

Quick tongue
The frog's sticky tongue shoots out faster than we can blink to catch prey.

Ambush experts

Frogs and their close relatives toads are ambush predators that mainly prey on insects. They vary in appearance, but all have long, muscular back legs for hopping and jumping. Before take-off, tendons in their legs tense then release to catapult them through the air. Toads, however, may prefer just to walk.

Devoted dads
Most frogs and toads abandon their eggs after laying, but male midwife toads carry them around on their back legs. When the tadpoles are ready to hatch, their father sets them free in a suitable pond.

Feet and toes
Strong feet and toes hold on so tight the frog can hang upside-down.

Life cycle
The eggs of frogs and toads, called spawn, usually develop in water. They hatch into tadpoles, which have tails for swimming but no legs. Over several weeks, the tadpoles grow legs and reabsorb their tails, turning into mini froglets that can live on land.

Moist skin
Frogs and toads breathe through their moist skin. A layer of slime stops it drying out.

Toe pads
Tree frogs have sticky toe pads for extra grip when climbing.

Long legs
The hind legs of frogs are always longer and stronger than the front legs.

Defence tactics
When in danger, most frogs and toads leap or swim to safety. Others opt to stay put, relying on poisons in colourful skin to deter predators.

Taking flight
To escape snakes, Wallace's flying frog leaps off its branch into thin air. The webs on its huge feet act like parachutes to slow and control its glide to a different tree.

Tree frogs
Though frogs and toads love wetlands such as swamps, and they are strong swimmers, many species live in tropical rainforests. In these forests, it's wet enough for frogs to climb high in the trees and even lay eggs there in water-filled crevices.

Totally toxic
If attacked, the fire-bellied toad rears up to show its orange and black belly, warning its enemy that its body is coated in poisonous slime.

Main families
There are nearly 8,000 species of frogs and toads, divided into 59 families. Four of the largest families are shown below. In general, frogs have smooth skin, whereas toads have rough or warty skin and a squat body. But not always – there are toad-like frogs and frog-like toads!

Tree Frogs
Found mainly in forests, with most in Central and South America.

Land frogs
These frogs hatch directly from eggs, so there are no free-living tadpoles.

True frogs
This family includes some of the best-known frogs in North America and Europe.

True toads
The thick, dry skin of toads allows them to survive in drier habitats than frogs.

Fish

Fish live right across the world in both fresh water and salty seas. They can be tiddlers or titans and their shape varies hugely – some have a streamlined body, while others are more like ribbons, footballs, or flat as pancakes. Many are silvery or grey, which serves as camouflage underwater, but they can also be as colourful as any parrot or butterfly.

1 Longnose gar **2** Zebra danio **3** Spotted rat fish **4** Clown loach **5** Rummy-nose tetra **6** Bumblebee goby **7** Longnose distichodus **8** Reef stonefish **9** Warty frogfish **10** Tiger barb **11** Common bluestripe snapper **12** Pineapplefish **13** Moorish idol **14** Clown triggerfish **15** Emperor angelfish **16** European sturgeon **17** Blue shark **18** Tub gurnard **19** Whitetip reef shark **20** Threadfin rainbowfish **21** Sailfin molly **22** Yellow tang **23** Copperband butterflyfish **24** Yellow prawn-goby **25** Majestic angelfish **26** Nkhomo-benga peacock **27** John Dory **28** Spotted garden eel **29** Sargassumfish **30** Electric yellow cichlid **31** Fourspot butterflyfish **32** Bluecheek butterflyfish **33** Turbot **34** Striped eel catfish **35** Epaulette shark **36** Spotted lanternfish **37** Nurse shark **38** Yellow seahorse **39** Common carp **40** Coral toadfish **41** Red piranha **42** Blackline penguinfish **43** European mudminnow **44** Bolivian ram **45** Burbot **46** Ocellate river stingray **47** Pacific hatchetfish **48** Harlequin sweetlips **49** Blue skate **50** Brown meagre **51** California grunion **52** Longspined bullhead **53** Orangespine unicornfish **54** Marbled electric ray **55** Longfin spadefish **56** Clown knifefish **57** Green sunfish **58** Giant manta ray **59** American flagfish **60** Silver moony **61** Glass catfish **62** Peruvian anchoveta **63** Chain pickerel **64** Thornback ray **65** European plaice **66** Sand devil **67** Lumpsucker **68** Arctic char **69** Bluespotted ribbontail ray **70** Anglerfish **71** Common stingray **72** Giant grouper **73** Northern stoplight loosejaw **74** Long-spine porcupinefish **75** Sloane's viperfish **76** Jack-knifefish **77** Mimic filefish **78** Rainbow trout **79** Ribbon eel **80** Ladyfish **81** Atlantic halibut **82** Yellowhead jawfish **83** Amiet's lyretail **84** Bitterling **85** Pacific grenadier **86** Pacific lamprey **87** Blackfin pearlfish **88** Goblin shark **89** Common smooth-hound **90** Capelin **91** Rat fish **92** Spotted boxfish **93** Old woman angelfish **94** Variegated lizardfish **95** Tarpon **96** Pacific spookfish **97** Greenland shark **98** Giant oarfish **99** Electric blue hap **100** Bluering angelfish **101** Ram cichlid **102** Blue tang **103** Powder blue tang **104** Azure demoiselle **105** Banggai cardinalfish **106** Emperor tetra **107** Royal tetra **108** Coral beauty angelfish **109** Goldfin hap **110** Ochre-striped cardinalfish **111** Crown squirrelfish **112** Royal gramma **113** Orchid dottyback **114** Chili rasbora **115** Heckel discus **116** Agassiz's dwarf cichlid **117** Red dragon guppy **118** Sockeye salmon **119** Flame angelfish **120** Yucatan molly **121** Siamese fighting fish **122** Scarlet badis **123** Thresher shark **124** Serpae tetra **125** Cardinal tetra **126** Cherry barb **127** Golden panchax **128** Atlantic guitarfish **129** Neon tetra **130** Picasso triggerfish **131** Opah **132** Golden pencilfish **133** Sea lamprey **134** Foxface rabbitfish **135** Peacock gudgeon **136** Shore rockling **137** Haller's round ray **138** Port Jackson shark **139** Velvet belly lantern shark **140** Connemara clingfish **141** European eel **142** Checkerboard cichlid **143** Endler's livebearer **144** Glowlight tetra **145** Rummy-nose tetra **146** Whale shark **147** European perch **148** Black neon tetra **149** Brook lamprey **150** Common whitefish **151** Goldfish **152** Celestial pearl danio **153** Ringed pipefish **154** Red-lipped batfish **155** Longnose sawshark **156** Electric eel **157** Small-spotted catshark **158** Smallscaled scorpionfish **159** Firehead tetra **160** Cockatoo dwarf cichlid **161** Striped red mullet **162** Smalltooth sawfish **163** Sea goldie **164** Orchid nothobranch **165** Kisaki nothobranch **166** Banded snake eel **167** Milkfish **168** Harlequin tuskfish

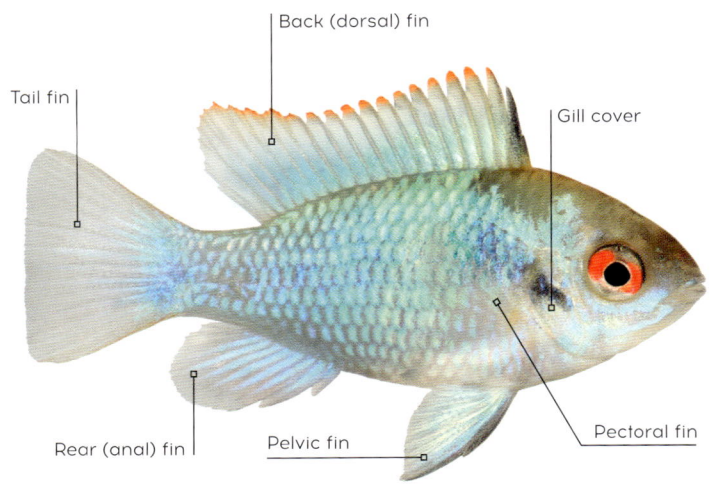

Scales and tails

Parts of a fish
Fish use their fins for swimming. The tail fin provides power, pectoral fins at the side are used mainly to steer, and fins on the back and at the rear keep the fish stable and upright.

Tail fin | Back (dorsal) fin | Gill cover | Rear (anal) fin | Pelvic fin | Pectoral fin

Fish are supremely well adapted to life in water. Almost all of them have a complete covering of scales, which makes them smooth and flexible for swimming, as well as powerful muscles in their sides and tail to push themselves forwards. Fish breathe underwater with gills, though there are some that surface to gulp air.

Always open
Fish can't blink or close their eyes as they have no eyelids.

Swimming
Most fish swim by sweeping their strong tail from side to side. They generate extra power by flexing the muscular body so that it makes S-shapes in the water. Moving through water is harder than moving through air, so most fish have a tapering, streamlined body to make it easier.

Mouth
This unicornfish has a pointed mouth to graze seaweed on coral reefs.

Super scales
Scales protect fish and let them slip through the water. In most fish, the scales are flexible and overlap like roof slates to create a smooth surface. However, sharks and their relatives have hard scales like tiny teeth that make them feel rough.

Gill slits
Fish breathe by taking in water through the mouth and pumping it through organs called gills. The gills extract oxygen, and the water leaves through slits on the sides of the head.

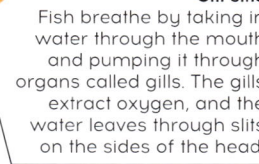

Crescent-shaped tail
Fish with crescent or forked tails are usually fast swimmers.

Venom spines
More fish have venom than snakes, but their toxins are mostly for defence, not to attack prey. Lionfish have up to 18 defensive spines that each deliver a venomous sting. Their bright stripes are a warning to leave them alone.

Under attack
These sardines have bunched together as sailfish attack.

Scalpel spines
Unicornfish have blade-like spines at the base of the tail for self-defence.

Safety in numbers
Fish swim in shoals for protection. When a shoal of small fish is attacked by predators such as sailfish, the smaller fish swim closer in a tight formation called a bait ball. The swirling mass of fish makes it difficult for the predators to target individual fish.

Epic journeys
Most fish remain in either salty or fresh water, but salmon move between the two. They feed at sea for several years, then migrate up rivers to breed, fighting hard against the current. Later, the young salmon swim back down the rivers and out to sea.

Fish parents
Most fish abandon their eggs and don't look after the young. However, some species, including this jawfish, are attentive parents. The male jawfish takes the female's eggs into his mouth and keeps them safe until the babies hatch.

Three groups
There are three main kinds of fish. The jawless fish are a small number of ancient fish with rounded, jawless mouths. Cartilaginous fish have skeletons made of the tough substance cartilage, not bone. All other fish are called bony fish thanks to their bony skeletons.

Jawless fish
Lampreys are jawless fish with a sucker-like mouth and no scales on their body. They have a row of breathing holes instead of gills.

Cartilaginous fish
This group includes sharks, skates, and rays. The blue-spotted stingray has a flattened body (its jaws are underneath) and two venomous spines in its tail.

Bony fish
More than three-quarters of fish species have skeletons of bone. Their appearance is tremendously varied. Some, such as glassfish, are even see-through.

Slugs and snails

To protect their soft bodies, snails have hard, spiralling shells that act as survival capsules. The smallest snails produce minuscule shells barely half a millimetre high, while the world's largest snail, the giant African land snail, has a shell the size of a rugby ball. Slugs look similar to snails but most have no shell.

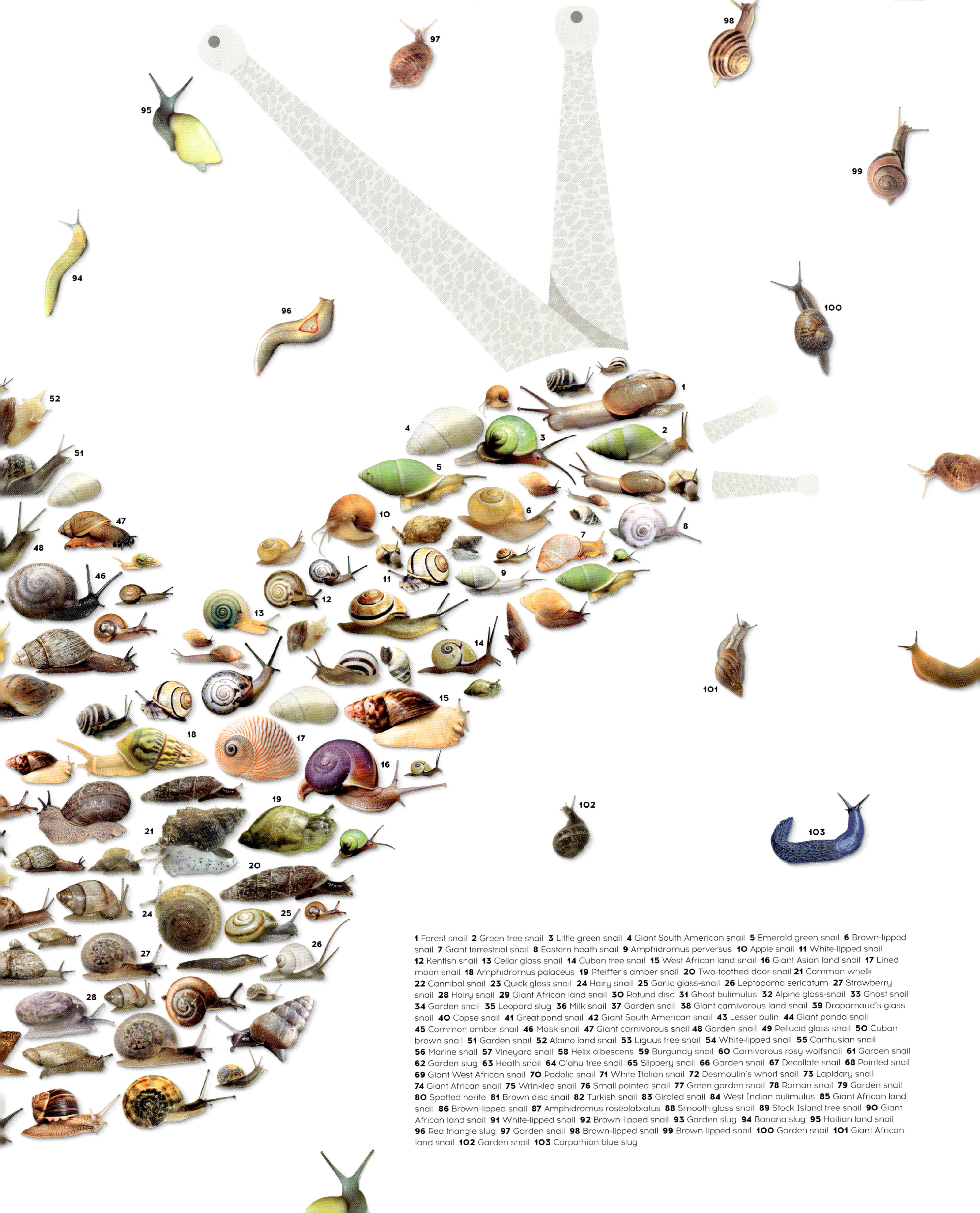

1 Forest snail **2** Green tree snail **3** Little green snail **4** Giant South American snail **5** Emerald green snail **6** Brown-lipped snail **7** Giant terrestrial snail **8** Eastern heath snail **9** Amphidromus perversus **10** Apple snail **11** White-lipped snail **12** Kentish snail **13** Cellar glass snail **14** Cuban tree snail **15** West African land snail **16** Giant Asian land snail **17** Lined moon snail **18** Amphidromus palaceus **19** Pfeiffer's amber snail **20** Two-toothed door snail **21** Common whelk **22** Cannibal snail **23** Quick gloss snail **24** Hairy snail **25** Garlic glass-snail **26** Leptopoma sericatum **27** Strawberry snail **28** Hairy snail **29** Giant African land snail **30** Rotund disc **31** Ghost bulimulus **32** Alpine glass-snail **33** Ghost snail **34** Garden snail **35** Leopard slug **36** Milk snail **37** Garden snail **38** Giant carnivorous land snail **39** Draparnaud's glass snail **40** Copse snail **41** Great pond snail **42** Giant South American snail **43** Lesser bulin **44** Giant panda snail **45** Common amber snail **46** Mask snail **47** Giant carnivorous snail **48** Garden snail **49** Pellucid glass snail **50** Cuban brown snail **51** Garden snail **52** Albino land snail **53** Liguus tree snail **54** White-lipped snail **55** Carthusian snail **56** Marine snail **57** Vineyard snail **58** Helix albescens **59** Burgundy snail **60** Carnivorous rosy wolfsnail **61** Garden snail **62** Garden slug **63** Heath snail **64** O'ahu tree snail **65** Slippery snail **66** Garden snail **67** Decollate snail **68** Pointed snail **69** Giant West African snail **70** Podolic snail **71** White Italian snail **72** Desmoulin's whorl snail **73** Lapidary snail **74** Giant African snail **75** Wrinkled snail **76** Small pointed snail **77** Green garden snail **78** Roman snail **79** Garden snail **80** Spotted nerite **81** Brown disc snail **82** Turkish snail **83** Girdled snail **84** West Indian bulimulus **85** Giant African land snail **86** Brown-lipped snail **87** Amphidromus roseolabiatus **88** Smooth glass snail **89** Stock Island tree snail **90** Giant African land snail **91** White-lipped snail **92** Brown-lipped snail **93** Garden slug **94** Banana slug **95** Haitian land snail **96** Red triangle slug **97** Garden snail **98** Brown-lipped snail **99** Brown-lipped snail **100** Garden snail **101** Giant African land snail **102** Garden snail **103** Carpathian blue slug

Rainbow patterns

Cuban painted snails are said to be the world's most handsome land snails. They are popular pets, but collecting them from the wild has made the species endangered. Their stunning coloration is a mystery – one theory is that it helps with defence.

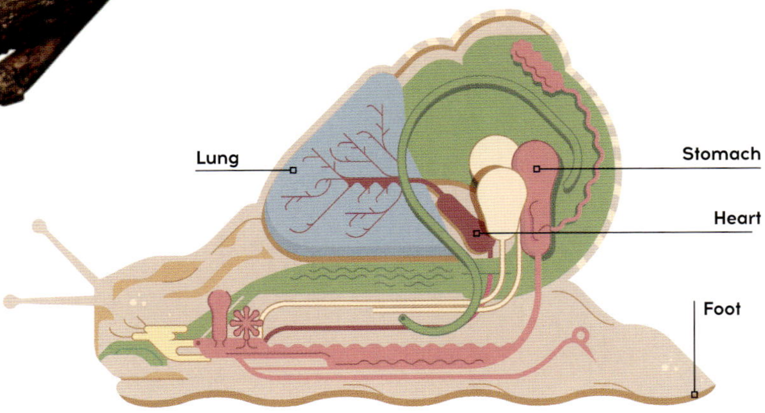

Inside a snail

Only the head and foot of a snail extend from its shell when it moves, but they soon disappear back inside if the snail senses danger. Most of the body, including the heart, stomach, and single lung, stay inside the whole time.

Lung | Stomach | Heart | Foot

Spiral shell

A baby snail starts life with a tiny shell. As the snail grows, it adds minerals to the open edge of the shell, enlarging it slightly as it does so. As a result, the shell grows in a spiral pattern while maintaining a snug fit for the soft body inside.

Shell
The shell is mainly calcium carbonate. Some shells spiral to the left, but most spiral to the right.

Muscular foot
To move, the snail makes its foot ripple, which sends waves along the muscular surface.

Slimy skin
Slime flows through lots of little grooves in the snail's skin.

Silvery trails

Slime prevents slugs and snails from drying out, protects them from disease, and puts off predators. It also allows these animals to glide smoothly over all kinds of surface – even sharp blades. They leave behind trails of the slimy stuff, which other slugs and snails slide on to save energy.

Slime time

A snail or slug's soft, squishy body is mostly a single large foot, on which it creeps along on a layer of slime. But snails have a shell to protect them from enemies and hot weather, unlike slugs, which are close relatives. While snails live in many different habitats, slugs live only in wet places and have to make extra-thick slime to stay moist. Slugs and snails are both more active by night, when the air is cool and damp.

Growing up
Snails lay clusters of eggs in soil, moss, and other damp locations. The baby snails hatch with soft, see-through shells and are so small they can fit on a pinhead.

Upper tentacle
There is an eye at the tip of each upper tentacle, which is also highly sensitive to touch.

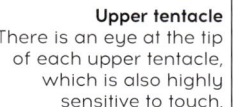

Becoming parents
Slugs and snails don't have separate sexes as every individual has male and female organs. After they mate, each partner lays eggs and becomes a mother to their own eggs *and* a father to their partner's eggs.

Lower tentacles
The shorter lower tentacles can both smell and feel things.

Tiny teeth
Imagine having rows of tiny teeth all over your tongue like slugs and snails. Their extraordinary tooth-covered tongue is called a radula and is used to scrape up food into their mouth. Slugs and snails mostly eat plants but also feed on rotting leaves, mushrooms, dead animals, and even animal poo.

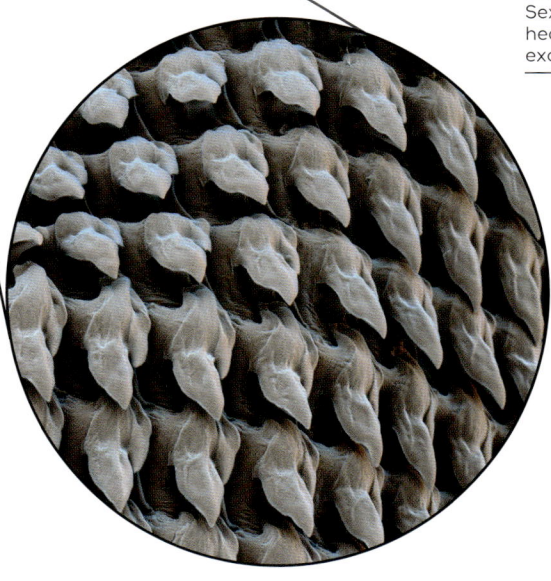

Hanging out
Leopard slugs mate by twisting together as they hang from a "rope" of slime. Sex organs pop out of their heads and turn inside out to exchange sex cells.

Seashells

Seashells are mostly made by molluscs, which are among the most ancient animals on the planet. These natural treasures may look fragile, but they are remarkably strong to protect the soft-bodied animals that live in them. Many grow in a spiral pattern, creating interesting shapes like cones and corkscrews. And some are as polished and colourful as gemstones.

1 Striped tellin **2** Swollen fig shell **3** Red-mouth olive **4** Glassy nautilus **5** Indian chank **6** Angel wing **7** Miniature melo **8** Arab volute **9** Clear sundial (underside) **10** Strawberry cockle **11** Neptunea tabulata **12** Rapa snail **13** Sunrise tellin **14** Striped margin shell **15** Spotted tun **16** Japanese babylon **17** Burnet's tellin **18** Atlantic distorsio **19** Banded tun **20** Crowned prickly periwinkle **21** Megacardita incrassata **22** Common European cockle **23** South African turban **24** Rooster tail conch **25** Lesser girdled triton **26** Delicate tibia **27** Lister's conch **28** Necklace nassa **29** Knobby spindle **30** Shuttle volva **31** Oblong trapezium **32** Alvania cancellata **33** Banded tulip **34** Precious wentletrap **35** Asian moon scallop **36** Terebellum conch **37** Common hairy triton **38** California frog shell **39** Zigzag Venus **40** Noble cone **41** Francolin jopas **42** Rasp tellin **43** Sunburst carrier **44** Salisbury's spindle **45** Graceful fig **46** Pear melongena **47** Common spider conch **48** Bednall's volute **49** Colossal false fusus **50** Smooth margin shell **51** Episcopal mitre **52** West African tellin **53** Convoluted false triton **54** Ferminia wentletrap **55** Trapezium horse conch **56** Angled olive **57** Toga awning clam **58** Lyre cockle **59** Arthritic spider conch **60** Diphos sanguin **61** Tent olive **62** Black-striped triton **63** Old-woman dosinia **64** Triumphant star turban **65** Beautiful volute **66** Dwarf helmet **67** Candelabra trophon **68** Leather donax **69** Callused bullia **70** Boat ear moon **71** Dennison's mitre **72** Ox-heart clam **73** Lion's paw **74** Royal cloak scallop **75** Zoned cone **76** Great scallop **77** Mottled top **78** Mediterranean bark triton **79** Ocellate cowrie **80** Wide-mouthed purpura **81** Hirase's volute **82** Solid trough **83** Spiny bonnet **84** Lion's paw **85** Leafy tellin **86** Austral scallop **87** Pontifical cone **88** Starry moon **89** Tower screw **90** Angular triton **91** Subulate auger **92** Nicobar spindle **93** Stepped Venus **94** Many-spotted auger **95** Imperial harp **96** Fringed helmet **97** Swollen nassa **98** True heart cockle **99** Australian trumpet **100** Martin's tibia **101** Indian turrid **102** Cradle donax **103** Cloudy margin **104** Music volute **105** Red callista **106** Dussumier's auger **107** Giant razor shell **108** Imperial cone **109** Terebellum conch **110** Lance auger **111** Giant melongena **112** North's long whelk **113** Thorn latirus **114** Hebrew cone **115** Royal paper bubble **116** Chilean abalone **117** Deceptive crassatella **118** Butterfly-wing Venus **119** Dove shell **120** Girdled margin shell **121** Common nutmeg **122** Admiral cone **123** Queen scallop **124** Giant cockle **125** Textile cone **126** White-banded bubble **127** Glans nassa **128** Japanese babylon **129** Superior mitre **130** Twisted plait olive **131** Babylon auger **132** Scarlet cone **133** Eloise's acteon **134** Channelled tun **135** Flame helmet **136** Sting winkle **137** Painted lady **138** West Indian fighting conch **139** Corded rock shell **140** Bloodsucker mitre **141** Sebastian's margin shell **142** Butterfly mitre **143** Olive-grey agaronia **144** General cone **145** Reticulate mitre **146** Geography cone **147** European prickly cockle **148** Attenuated cockle **149** Sunset siliqua **150** Chestnut astarte **151** Griffith's turrid **152** Matchless cone **153** Japanese wonder shell **154** Sand-dusted cone **155** The Junonia **156** Channelled nassa **157** Noble bubble **158** Australian brooch clam **159** Pitted lucine **160** Truncate donax

On the seashore

Chambered shell
The nautilus is a close relative of squids and octopuses, but unlike them it has a magnificent shiny shell. Inside are hollow chambers that fill up with gas and water. The nautilus adjusts the level of gas and liquid to rise or sink in the water.

When their owners die, the shells of sea creatures fall to the sea floor and may eventually wash ashore. The shells last much longer than the animals that made them but usually lose their colours. On some beaches, the sand is made almost entirely of broken shells. Over millions of years, this debris piles up and gets squashed to form a kind of rock called limestone.

Rock stars
Limpets are sea snails that grip rocks on the seashore using their circular sucker foot. Over time each limpet carves itself a hollow in the rock that exactly fits its conical shell, which helps it to hold tight when waves crash over the shore.

Eyes
Scallops have dozens of eyes around the rim of the shell.

Ridges
Ridges and bumps make a shell stronger.

Bivalves
Bivalve molluscs have a pair of shells joined by a hinge. They open the shells to filter tiny scraps of food from the water. After feeding, they snap the shells closed using powerful muscles. Scallops can even swim by clapping their paired shells together like castanets.

Abalone
In this abalone shell, mother of pearl creates shimmering colours.

Shell materials
Molluscs absorb the mineral calcium carbonate from seawater and use it to make shells. Some molluscs, such as abalones and oysters, line the inside of the shell with a very smooth form of calcium carbonate called mother of pearl. Because this reflects light, the empty shells glitter with rainbow colours.

Giant shells

Most coiled seashells are made by sea snails, which are molluscs. The shell of the queen conch can reach 30 cm (1 ft) long. If you hold an empty one to your ear, you will as if by magic hear the sea. Sound waves that enter the shell bounce around the space inside, which changes the sound and makes it louder, so you seem to be hearing waves on a shore.

Open and shut
When the conch is alive, it pushes its foot through this opening to move around. When in danger, it retreats inside and closes the opening with its foot, as if shutting a door.

Beach finds

Many kinds of sea creature have shells, from sea snails and other molluscs to crabs and sea urchins. Many are beautiful and easy to find on sandy beaches.

Cockle
Cockle shells are very common and are made by small bivalves. They have ridges and an asymmetrical shape.

Mussel
Mussel shells are common on rocky beaches and often have a pearly coating inside.

Sundial
These sea snail shells are called sundial shells as the flat, disc-like shape resembles a sundial.

Cowrie
The glossy shells of these small sea snails often have speckly patterns, probably for camouflage.

Murex
Murex snails are large, predatory sea snails. Their shells are covered in spiny growths for defence.

Augers
These sea snails make long, screw-like shells, often with attractive patterns.

Sea urchin
Sea urchins live in a rounded shell that's covered in spines when they are alive.

Recycled shells

Hermit crabs lack a shell of their own, but search the seabed for an empty seashell to wear. They squeeze in, gripping the inside with their muscular body and last two pairs of legs. When they grow too big, they leave the shell to find a larger one.

Coiled up
The crab has a coiled abdomen to fit snugly in the coiled shell.

Starfish

With neither head nor tail, starfish use their bendy arms to crawl around the seabed and catch their prey. Most species have five arms, though others own more – the sunflower starfish has up to 50. Their skin is rough and many are spiny or lumpy. Starfish live throughout the world's seas, from tropical coral reefs to icy polar waters. They even thrive in the sunless, pitch-black depths of the ocean.

1 Six-rayed star **2** Multi-colour sea star **3** Rosy starfish **4** Elegant sea star **5** Dwarf mottled henricia **6** Català's sea star **7** Six-rayed star **8** Evasterias retifera **9** Common starfish **10** Luidia sarsii **11** Egyptian sea star **12** Common starfish (underside) **13** Bloody Henry starfish **14** Common sunstar **15** Northern starfish **16** Nardoa pauciforis **17** Red-knobbed starfish **18** Rainbow star **19** Spiny sand star **20** Brazilian red sea star **21** Antarctic starfish **22** Red-knobbed starfish **23** Common sunstar **24** Striking sea star **25** Mediterranean red sea star **26** Red-knobbed sea star **27** Red sea star **28** Sand star **29** Granular starfish **30** Common starfish **31** Common sea star **32** Pteraster affinis **33** Banded sea star **34** Slender-armed starfish **35** Black serpent star **36** Antarctic starfish **37** New Caledonia star **38** Nine-armed sea star **39** Seven-armed starfish **40** Green brittle star **41** Ceramaster granularis **42** Spotted sea star **43** Luidia savignyi **44** Two-spined sea star **45** Wrinkled star **46** Blue spiny starfish **47** Blue bat star **48** Panamic cushion star **49** Cake star **50** Blue sea star **51** Crown-of-thorns starfish **52** Icon starfish **53** Slender sea star **54** Warty starfish **55** Horned sea star **56** Blunt-armed sea star **57** Royal starfish **58** Brown mesh sea star **59** Spiny sea star **60** Orange knobby star **61** Chocolate chip sea star **62** Japanese starfish **63** Luzon sea star **64** Necklace starfish **65** Eleven-armed sea star **66** Red-knobbed starfish **67** Red serpent brittle star **68** Red sea star **69** Soapy starfish **70** Red-knobbed starfish **71** Indian sea star **72** Common light striated star **73** Red-knobbed starfish **74** Neoferdina offreti **75** Southern sand star **76** Cushion star **77** Button star **78** Forbes' sea star **79** Seven-armed sea star **80** Warty sea star **81** Doughboy starfish **82** Cushion star **83** Many-pored sea star **84** Eleven-armed sea star **85** Polar sea star **86** Estrella sea star **87** Orange reticulated polyp **88** Bruce's sea star **89** Spiny sea star **90** Sand star **91** Goosefoot starfish **92** Pseudarchaster discus **93** Small spine sea star **94** Psilaster charcoti **95** Common starfish **96** Tremaster mirabilis **97** Orange cookie star **98** Henricia microspina **99** Spiny starfish **100** Sand star **101** Sand sifting starfish **102** Cookie-cutter sea star **103** Spotted sea star **104** Jonston's sand star **105** Common basket star **106** Northern sun star **107** Red cushion sea star **108** Northern starfish **109** Reef starfish **110** Crested sea star **111** Short-spined sea star **112** Antarctic starfish **113** Horned sea star **114** Species unknown **115** Spiny red starfish **116** Bloody Henry starfish **117** Henricia perforata **118** Arctic cookie star **119** Spiny starfish **120** Cuming's sea star

Spiny wonders

Starfish have no brains, and instead of blood they use seawater to carry oxygen and food around the body. A simple internal skeleton gives them both strength and flexibility. They may be slow moving, but they are ruthless predators. Brittle stars and feather stars, which are close relatives, are mostly filter feeders. They sit still and use sticky or feathery arms to sieve tiny organisms from water.

Eye
At the tip of each arm is a very tiny, simple eye that senses light.

Symmetry
A starfish has a ring of identical arms arranged around a central disc like spokes on a wheel. This means that a starfish with five arms has five lines of symmetry and no front or back. By contrast, a butterfly, like most animals, has only one line of symmetry.

Radial symmetry

Bilateral symmetry

Tube feet
The underside of a starfish is covered in thousands of tiny feet, each one a tube with a sucker at the tip. The starfish takes in water through an opening on its top side and pumps it into the feet to extend them. With feet extended, it can move over the sea floor and grip prey.

Tube foot

Underside of red-knobbed starfish

Bottom and top
The star-shaped mouth of a starfish is in the middle of its underside. Its anus is in the middle of the top. To feed, the starfish pushes one of its two stomachs out through the mouth to swallow and start digesting prey. When the stomach is full, the starfish heaves it back in again.

Mouth

Healing superpower

Most starfish can replace an arm lost to a predator – the missing limb simply grows back. Some can regenerate their entire body from a single surviving arm, but only if part of their central disc survived. The regrowing starfish with its large original arm is called a comet.

Armoured skin
The rough skin is covered with bumps and spines for protection.

Top of red-knobbed starfish

Starfish relatives

Starfish belong to a group of ancient marine animals called echinoderms, whose name means "spiny skin". This group includes brittle stars, which have five long, stringy arms, and feather stars, with many feathery ones. Sea urchins and sand dollars are spherical and lack arms altogether.

Starfish are predators

Feather stars are filter feeders

Brittle stars are predators or filter feeders

Feeding swarm

Sea urchins are related to starfish but resemble balls covered in sharp spines. On the Pacific coast of North America, swarms of red and purple sea urchins have eaten much of the kelp, a type of giant seaweed that forms underwater forests. Their populations soared because their predators, including starfish and sea otters, had become rare.

Feelers
The small tube feet at the tips of the arms can feel and smell things.

Sand dollars are filter feeders

Sea urchins are grazers

Leaves

There's an endless variety of leaves, every one an exquisite structure. They come in all shapes and sizes. Some are too small to see with the naked eye, but the largest tree leaves are as long as a tennis court. The leaves can be arranged individually, in fans and rosettes, or in symmetrical patterns along the stem. Many are so distinctive that it's possible to identify a plant just from one leaf. Some of the leaves here are shown in their spring or summer green, and others in their autumn colours.

1 Polka dot plant **2** California black oak **3** Papaya **4** Birch **5** Black tupelo **6** Chinese dogwood **7** Common serviceberry **8** American beech **9** Walnut **10** Acacia **11** Holly **12** White oak **13** Longan **14** Black cherry **15** Ashoka **16** Longan **17** Japanese zelkova **18** Bigleaf maple **19** American dogwood **20** Horse chestnut **21** Yellow palm **22** Carob **23** Quince **24** Oriental sweetgum **25** Fuji cherry **26** Aspen **27** Common serviceberry **28** Northern red oak **29** Hazel **30** European beech **31** Peach **32** Tamarillo **33** Camphor tree **34** Eastern redbud **35** Ylang-ylang **36** Oleander **37** Norway maple **38** Carolina silverbell **39** English walnut **40** Shagbark hickory **41** Small-leaved lime **42** Keluak **43** Southern magnolia **44** Southern silk oak **45** Neem tree **46** Black birch **47** Japanese maple **48** Weeping willow **49** Indian gooseberry **50** Cockspur hawthorn **51** Hornbeam **52** Candlenut **53** Japanese maple **54** Indian cork tree **55** American elm **56** Bengal quince **57** Bougainvillea **58** American beech **59** Hornbeam **60** Pistachio **61** Kaffir lime **62** Kapok **63** Pagoda dogwood **64** Elder **65** Bay laurel **66** Sweet chestnut **67** Common pear **68** Eucalyptus **69** English oak **70** Java plum **71** Hibiscus **72** Mango **73** Plum **74** Velvet maple **75** Magnolia **76** Sweet pepper **77** Lemon **78** Chestnut oak **79** Indian jujube **80** Umbrella tree **81** Horse chestnut **82** Pawpaw **83** English oak **84** Teak **85** Sweet chestnut **86** Maidenhair tree **87** Cucumber tree **88** Banyan **89** Queen's crepe-myrtle **90** Balsam poplar **91** Bodhi tree **92** Banana **93** Cacao **94** Shisham **95** Ravenala **96** Fig **97** Teak **98** Guava **99** Bigleaf maple **100** Octopus tree **101** Yellow flame tree **102** Chinaberry tree **103** American hornbeam **104** Sassafras **105** Golden shower tree **106** Silver birch **107** Empress tree **108** Saucer magnolia **109** White ash **110** Tree of heaven **111** Chaste tree **112** Red maple **113** Box elder **114** Longan **115** Rubber tree **116** African tulip tree **117** Chinese necklace poplar **118** Rubber fig **119** Alder **120** American sycamore **121** White mulberry **122** Silver maple **123** Moreton Bay chestnut **124** Sugar maple **125** Longan **126** Silver birch **127** West Indian mahogany **128** Plum **129** Quaking aspen **130** Sycamore **131** Sassafras **132** Kadam **133** Paperplant **134** Sassafras **135** Red maple **136** Royal poinciana **137** Silver birch **138** American elm **139** Indian coral tree **140** Tamarind **141** Plum **142** Illawarra flame tree **143** Black poplar **144** Persian ironwood **145** Hawthorn **146** Baobab **147** Copper beech **148** Queen's crepe-myrtle **149** Eucalyptus **150** Ash **151** Rowan **152** Red maple **153** Apricot **154** Arjun tree **155** Indian cork tree **156** Bigleaf maple **157** American elm **158** Sargent's cherry

65

Vein network
A branching network of veins brings water, which is needed for photosynthesis.

Vital organs

Leaves make the world green, and few plants can survive without them. Not only do they produce food for plants, they are also the lungs through which plants breathe. We too depend on leaves – they put oxygen into the air we breathe and they release water that later falls as hair.

Fig leaf — Vein, Midrib, Apex, Margin, Petiole

Leaf structure

Usually leaves are flat to gather light. The top surface is often tough and waterproof to protect them from rain. They are attached to the plant by a strong stalk (petiole), which in some plants can bend actively to move the leaves.

Inside a leaf

If you look at a leaf with a microscope you'll see lots of tiny green structures called chloroplasts. These are full of the substance chlorophyll, which harvests sunlight and gives leaves their colour.

Underside
The underside of this fig leaf is paler than the top as it doesn't have a layer of waxy waterproofing.

Sunlight

Oxygen

Tiny holes in the bottom of a leaf let gases and water vapour in and out.

Carbon dioxide

Plants angle their leaves to face the Sun.

Water

Photosynthesis

Leaves use the Sun's energy to power photosynthesis. In this wondrous process, they take carbon dioxide gas from the air and combine it with water drawn up by the roots. The resulting chemical reaction creates sugars, which the plant absorbs to grow, and oxygen gas, which the leaves release.

Oak leaves

Seasonal changes

In the tropics, most trees are evergreen – their leaves stay green all year. But in cooler parts of the planet, trees are often deciduous, which means they shed their leaves for winter. In autumn, chlorophyll in the leaves breaks down, allowing yellow, then orange, and finally red pigments to reveal their colours. Eventually the leaves go brown, die, and fall.

Leaf skeleton
As the soft tissues rot away, the leaf veins are exposed.

Special leaves

The main job of leaves is to harvest solar energy and use it to make food. However, some plants have evolved specialized leaves that they use to store water, deter animals, or even catch prey.

Eating animals
The Venus flytrap has deadly leaves that close like a pair of jaws to trap insect prey and digest their bodies.

Floating
Giant water lily leaves have air-filled chambers to make them float. They can grow to 3 m (10 ft) wide.

Stabbing
The leaves of cacti have evolved into sharp spines to defend the juicy, water-filled stem from thirsty animals.

Storing water
Succulents have fat leaves that swell to store water, helping these plants survive in dry habitats.

Making babies
The "mother of thousands" plant grows baby plantlets on its leaves. They drop off and take root as new plants.

Leaf litter

In forests, fallen leaves build up in a thick layer known as leaf litter. In time, the dead leaves are broken down by earthworms and fungi. This recycles the leaves by returning their nutrients to the soil so that other plants can use them.

Flowers

There have been flowers on Earth ever since the age of dinosaurs. Each family of flowering plants has flowers that look different. The petals in their flowers are arranged to form everything from stars and globes to umbrellas, cups, slippers, bells, and trumpets. Not only do they come in a huge array of eye-catching colours; they also fill the air with enticing perfumes.

56 Hibiscus **57** Poppy **58** Butterfly orchid **59** Blanket flower **60** Gerbera **61** Daffodil **62** Evening primrose **63** Cherry **64** Dog rose **65** Sacred lotus **66** Cosmos **67** Persian coneflower **68** Primrose **69** Cattleya orchid **70** Rose **71** Zinnia **72** Bird of paradise **73** Phalaenopsis orchid **74** Meadowsweet **75** Cuckoo flower **76** Flame lily **77** Zygopetalum orchid **78** Pelargonium **79** Coneflower **80** Magnolia **81** Dog rose **82** Rose **83** Orange lily **84** Dog violet **85** Phalaenopsis orchid **86** Apple **87** Rose **88** Gerbera **89** Snapdragon **90** Cosmos **91** Rose **92** Impala Lily **93** Hanging lobster claw **94** Cherry **95** Cosmos **96** Poppy **97** Freesia **98** Peony **99** Red disa **100** Frangipani **101** Red powder puff **102** Blanket flower **103** Tulip **104** Hibiscus **105** Frangipani **106** Flamingo lily **107** Fire-star orchid **108** Scarlet trumpet **109** Bottlebrush **110** Globe artichoke **111** Rafflesia **112** Dahlia **113** Rose **114** Poppy **115** Rose **116** Rose **117** Scabious **118** Dusky cranesbill **119** Passionflower

Flower power

Nine-tenths of the world's plants produce flowers. The blooms do an essential job by making pollen, which is carried from flower to flower so that the plants can reproduce. The bold colours and scents of flowers are not for our benefit – they attract insects and other animals that transport the pollen.

Pollen grains
This microscope view shows pollen grains magnified hundreds of times.

Flower to seed

Pollination happens when pollen lands on a female part of a flower called the stigma. The pollen grain then grows a long tube that extends all the way into the ovary at the base of the flower. Here, male sex cells from the pollen join female sex cells inside tiny structures called ovules. The ovules then grow into seeds, and the ovary grows into a fruit.

Stigma (female)

Stamen (male)

Ovules

Ovary

Bumblebee
Pollen sticks to the bee as it searches for nectar.

Crocus flower

Petals
Bright colours attract pollinators from far away.

Stamens
Pollen is made by stamens – the male parts of the flower.

Pollination

Most flowers have male and female parts. The male parts make tiny grains of pollen, which look like dust. If pollen lands on the female part of the right flower, pollination takes place and the flower can produce seeds. Many flowers rely on bees to pollinate them. The bees are rewarded with a sugary drink called nectar.

Sunflower

Flowers in flowers

A sunflower is not a single flower but a cluster of hundreds of small ones, called florets. Seed-making florets are packed in the centre. Around them is a ring of petal-like florets that attract pollinators but don't make seeds.

Flower shapes

Not every kind of flower uses bees for pollination, and not every flower rewards its pollinators. The appearance and structure of a flower is a clue to how it spreads its pollen.

Built for birds
Trumpet vines have long, trumpet-shaped flowers. Only hummingbirds with long bills can reach the nectar deep inside.

Bat attractors
Some plants are pollinated by bats, such as the saguaro cactus. Bat-pollinated flowers open at night. They are often white to show up in moonlight and sturdy so bats can land on them.

Blowing in the wind
Many plants use wind rather than animals to pollinate their flowers. Hazel trees have dangling flowers called catkins that release clouds of pollen when the wind shakes them.

Sneaky tricks
Bee orchids mimic female bees to attract male bees in search of a mate. The male bees fly from orchid to orchid in hope of mating, which pollinates the flowers.

Fruits

Fruits develop from flowers after they've been pollinated. Hidden inside are seeds, which may one day sprout into new plants. Some fruits are so tasty and nutritious they are grown throughout the world as crops and form a major part of our diet. But wild fruits, while they may look tempting, can be hard, dry, sour, or even poisonous to humans.

Inside a fruit
This kiwano (jelly melon) has a jelly-like flesh in which there are hundreds of small seeds. The seeds are hard to separate from the slippery flesh, so animals swallow the whole lot. The jelly also protects the seeds from being digested in an animal's intestines.

Juicy fruit
The flesh of a kiwano tastes a bit like a melon.

Real fruit
Each pip is a fruit in the scientific sense.

False fruit
The red part is actually a fleshy stem, so strawberries are sometimes called false fruits.

Fruit or not?
In science, a fruit is the ripened ovary of a flower and contains seeds. By this definition, a strawberry is not a fruit – the yellow pips all over its surface are the real fruits. Every one of these pips is a flower ovary with a seed inside.

Seeds
The seeds are covered in slippery jelly.

Animal attractor
The skin of many fruits changes colour as it ripens, which attracts animals.

Sweet treats

Fruits range from tiny pips no bigger than a grain of sand to giant pumpkins as heavy as a car. The job of every fruit is to protect the seeds inside and help to disperse them to new homes. Many fruits have sweet, edible flesh that animals find irresistible. When animals eat them, they spread the seeds in their poo.

How fruits form
After a flower is pollinated, its ovary grows into a fruit and seeds develop inside it. The outer part of the ovary swells and thickens. As the fruit ripens, the flesh softens and makes sugars, giving it a sweet taste.

Flowering
In spring pear trees produce white blossom, which is pollinated by bees.

Growing
After pollination, the pear blossom shrivels and small, hard fruits form around the seeds.

Ripening
The pears gradually swell up with water, turn sweet, and develop bright colours.

Hard and soft fruits

Soft fruits have thin skin and soft flesh, which is usually juicy and sweet. However, in some fruits the outside of the ovary turns into a hard, protective shell.

Hazelnut — Seed

Seed — Apricot

Fruit or veg?

All these vegetables develop from flower ovaries and have seeds inside, so they are actually fruits. Some are sweet, but not all.

Tomato — Squash — Cucumber

Chilli — Aubergine — Pea pod

Animal partners

Fruit-eating animals, such as this tanager, help plants by carrying seeds to new locations. The tanager swallows berries whole. It can't digest the seeds, so they pass through its digestive system and land in its droppings.

Wild origins

Many of the fruits we eat, such as apples, oranges, and lemons, don't exist in nature. They were created by centuries of breeding by farmers. Oranges came from breeding the wild mandarin tree with the pomelo tree. Pomelo fruits are pear-shaped with thick skin and a green rind.

Pomelo

Pine cones

Pine trees grow cones built from lots of tough scales arranged in intricate patterns. Equally handsome cones are produced by spruce, fir, and other conifer trees. Most of the cones are knobbly or prickly, though they may be smooth too. When they eventually drop to the ground, they can lie there for years before finally breaking down to become part of the soil.

1 Longleaf pine **2** Canary Island pine **3** Japanese white pine **4** Chir pine **5** Japanese larch **6** Coulter pine **7** Red fir **8** Korean fir **9** Engelmann spruce **10** European larch **11** Siberian larch **12** Wollemi pine **13** Jack pine **14** Pitch pine **15** White fir **16** Ponderosa pine **17** Loblolly pine **18** Eastern white pine **19** Brazilian pine **20** Chinese nutmeg yew **21** Kauri **22** Eastern hemlock **23** Monterey pine **24** Chinese hemlock (unripe) **25** Himalayan pine **26** Dwarf mountain pine **27** Himalayan cypress **28** Chinese hemlock (ripe) **29** Lodgepole pine **30** Western hemlock **31** Mexican cypress **32** Morinda spruce **33** Spanish fir **34** Tamarack **35** European larch **36** Dragon spruce **37** Slash pine **38** Balsam fir **39** Canary Island pine **40** Black spruce **41** Manchurian fir **42** Austrian pine **43** Subalpine fir **44** Himalayan larch **45** Mexican weeping pine **46** Knobcone pine **47** Gray pine **48** Bunya pine **49** Eastern hemlock **50** Blue spruce **51** Mediterranean cypress **52** Limber pine **53** Queensland kauri **54** Red fir **55** Dragon spruce **56** Southern Japanese hemlock **57** Japanese white pine **58** Atlas cedar **59** Spanish fir **60** Yezo spruce **61** White spruce **62** European silver fir **63** Norway spruce **64** Cedar of Lebanon **65** Lacebark pine **66** Cyprus cedar **67** Japanese umbrella pine **68** Sugar pine **69** Sitka spruce **70** Norway spruce **71** European silver fir **72** Korean pine **73** Swiss stone pine **74** Japanese black pine **75** Deodar cedar **76** Dahurian larch **77** Chir pine **78** Norfolk Island pine **79** Wollemi pine **80** White spruce **81** Carolina hemlock **82** Grand fir **83** Balsam fir **84** Giant sequoia **85** European silver fir **86** Scots pine **87** Siberian larch **88** Tamarack **89** Noble fir **90** Eastern white pine **91** Nordmann fir **92** Western hemlock **93** Monkey puzzle **94** Northern white cedar **95** Blue spruce **96** Mountain hemlock **97** Norway spruce **98** Korean fir **99** Japanese red pine **100** Oriental spruce **101** Sitka spruce **102** Korean pine **103** Serbian spruce **104** Mexican weeping pine **105** Swiss stone pine **106** Norfolk Island pine **107** Norway spruce **108** Cook pine **109** Chir pine **110** Torrey pine **111** Western larch **112** Longleaf pine **113** Shortleaf pine **114** Coulter pine

Slow grower

Unlike flowers, which grow and set seed in a matter of weeks, conifer cones take up to three years to grow. They usually start green and turn brown as they age and ripen.

Each cone of a monkey puzzle tree contains about 200 seeds.

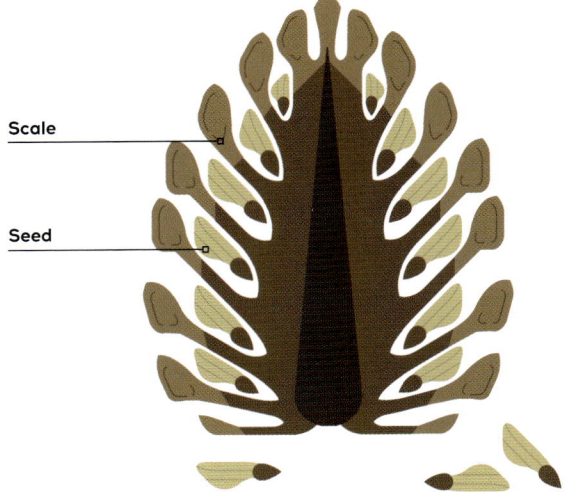

Inside a cone

The knobbly surface of a female cone is made up of structures called scales. The seeds are tucked between, with one or two seeds growing at the base of each scale. The scales stay tightly shut until a cone is mature. They open to release seeds if the weather is warm and dry but close when it's cool and wet.

Safe and sound

Conifer trees use cones to reproduce. Cones can be male or female, but the ones we find on the ground are normally female cones, which are larger and feel like wood. Female cones are tough to protect the seeds that grow inside them – a job they've been doing since the age of the dinosaurs.

The scales are made of the hard substance lignin, which also makes bark and wood strong.

Spiral pattern

The scales on a cone form neat spirals that run around the outside. This spiralling pattern is found in many natural objects, from pineapples to sunflowers.

Two types of cone

Male cones are small, soft, and full of pollen – a powdery substance that contains male sex cells. They release clouds of pollen into the air, and the wind carries it to female cones, which pollinates them. The pollinated female cones then swell up as seeds develop inside them.

Male pine cone

Female pine cone

Spreading seeds

When ripe, the seeds in cones make a nutritious meal for squirrels and forest birds such as jays. These animals carry the seeds away to hide and eat later. Any seeds that they forget about will sprout and grow into new trees.

Pollen being released from a spruce tree

Scales separate in fine weather to release the seeds.

Heat seal

The cones of some conifer trees, including giant sequoias and jack pines, only open during forest fires. These cones are sealed tight with a sticky natural glue called resin. If a fire breaks out, the heat of the flames melts the resin, the cones split open, and the seeds are scattered.

Pine seeds have wings to help them travel further as they fall.

Mushrooms and toadstools

Mushrooms and toadstools flourish in damp conditions and often pop up after rain. They may look a bit like plants, but they belong to a very different category of living things, called fungi. In fact, mushrooms and toadstools are just the above-ground parts of fungi that live mostly out of sight within soil, wood, or the decaying remains of dead plants and animals.

1 Alder scalycap **2** Russet toughshank **3** Saffrondrop bonnet **4** Hairy parachute **5** Ivory bonnet **6** Horse mushroom **7** Geranium brittlegill **8** Jewelled amanita **9** Ochre brittlegill **10** Golden waxcap **11** False deathcap **12** Sulphur knight **13** Dung roundhead **14** White dapperling **15** Redleg toughshank **16** Yellow swamp brittlegill **17** Liberty cap **18** Dappled webcap **19** Orange grisette **20** Birch milkcap **21** Burnt knight **22** The gypsy **23** Slender roundhead **24** Orange milkcap **25** Blackening waxcap **26** Jewelled amanita **27** Birch webcap **28** Brick tuft **29** Caesar's mushroom **30** Curry milkcap **31** Wood blewit **32** The flirt **33** Aspen boiete **34** Burgundydrop bonnet **35** Woolly milkcap **36** Foetid parachute **37** Garlic parachute **38** Charcoal burner **39** Violet webcap **40** Amethyst deceiver **41** Redlead roundhead **42** Violet domecap **43** Wood blewit **44** Rosy brittlegill **45** Rufous milkcap **46** Jack o'lantern **47** Crab brittlegill **48** Cinnabar powdercap **49** Pink waxcap **50** Deceiving knight **51** Fragile brittlegill **52** Fly agaric **53** Beefsteak fungus **54** Tawny funnel **55** Bloody brittlegill **56** Crimson waxcap **57** Sickener **58** Scarlet waxcap **59** Ugly milkcap **60** Wood pinkgill **61** Sooty milkcap **62** Grey knight **63** Semifree morel **64** Dark-scaled knight **65** Coalman **66** Old man of the woods **67** Fiery milkcap **68** Clouded funnel **69** Shaggy parasol **70** Tacked milkcap **71** Blue roundhead **72** Lawyer's wig **73** Parrot waxcap **74** Herald of winter **75** Horn of plenty **76** Giant funnel **77** Destroying angel **78** Angel's bonnet **79** Butter cap **80** Milking bonnet **81** Surprise webcap **82** Serrated bonnet **83** Scaly webcap **84** Pelargonium webcap **85** Brownedge bonnet **86** Horsehair parachute **87** Milky

conecap **88** Porcelain fungus **89** Ivory woodwax **90** Silky piggyback **91** Mealy bonnet **92** Rooting shank **93** Egghead mottlegill **94** Grey veiled amanita **95** Magpie inkcap **96** Flowery blewit **97** Trooping funnel **98** Snowy waxcap **99** Stinking dapperling **100** Yellow stainer **101** Earpick fungus **102** Mouse-pee pinkgill **103** Grey spotted amanita **104** Common cavalier **105** Bonfire scalycap **106** Spotted toughshank **107** Peppery milkcap **108** White saddle **109** Beech milkcap **110** Death cap **111** Pirate brittlegill **112** Tawny grisette **113** Chestnut dapperling **114** Oakbug milkcap **115** Blackening brittlegill **116** Milk-white brittlegill **117** Fleecy milkcap **118** Crested coral fungus **119** Wood hedgehog **120** Yellowing brittlegill **121** Bitter bigfoot webcap **122** Coconut milkcap **123** Parasol mushroom **124** Panthercap **125** Nitrous bonnet **126** Saffron milkcap **127** Fairy ring champignon **128** Primrose brittlegill **129** Liver milkcap **130** Red and olive webcap **131** Tacked milkcap **132** Garlic parachute **133** Beechwood sickener **134** Funnel polypore **135** Meadow waxcap **136** Devil's tooth **137** Common puffball **138** Tumbling puffball **139** Peppery bolete **140** Saffron bolete **141** Earthfan **142** Bog beacon **143** The miller **144** Spiny puffball **145** Geranium brittlegill **146** Surprise webcap **147** Hare's ear **148** Greening coral **149** Yellow swamp brittlegill **150** Cellar fungus **151** Orange webcap **152** Star pinkgill **153** Beechwood sickener **154** Stump puffball **155** Fleecy milkcap **156** Torn fibrecap **157** Willow milkcap **158** Fairy inkcap **159** Common stump brittlestem **160** Cucumber cap

All shapes and sizes

Fungi are as varied as any other kind of organism. Some exist as single cells, including the yeast we use to make bread. Most, however, are complex organisms that produce fruiting bodies. These can be all sorts of different shapes and textures, almost any colour, and may have a strong smell.

Brackets
Brackets grow on rotting wood in fan shapes and feel hard and rubbery. The turkeytail fungus feeds on tree stumps and logs.

Cups
Scarlet elf cups appear on sticks lying on the woodland floor. They look just like pieces of satsuma peel.

Fingers
The caterpillar fungus lives in soil and feasts on the bodies of insect larvae. It has clusters of orange fingers.

World of fungi

There have been fungi on Earth for more than a billion years. Many of these ancient life forms feed on dead organic matter such as wood, growing inside this food to break it down. Their role as recyclers of nutrients makes them vital to life on Earth. Some fungi even team up with living plants, giving them nutrients in return for a share of the sugars they make.

Fruiting bodies

Though most of a fungus is hidden from view, it eventually emerges to form a fruiting body, such as a mushroom or toadstool. This makes seed-like spores and lives for only a few days. Here, you can see several fly agaric toadstools in different stages of development.

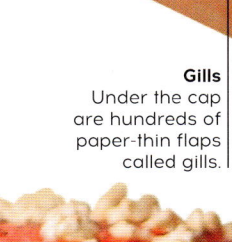

Gills
Under the cap are hundreds of paper-thin flaps called gills.

Secret network

A fungus grows through decaying matter by producing millions of silken feeding threads called hyphae. These branch as they extend to create an immense network called a mycelium. Water and nutrients flowing through the network sustain the fungus.

Veil
The cap's protective cover tears off, forming a veil around the stalk.

Stalk
Each toadstool has a thick, spongy stalk.

Cap
The young toadstools quickly develop a rounded cap.

Early stage
Fly agaric toadstools erupt through the soil like weird white eggs.

Crust
Cobalt crust spreads across fallen branches. When it rains, the wet fungus feels soft as velvet.

Coral
The branching shapes and vivid colour of the violet coral fungus look just like coral on an ocean reef.

Icicles
The hanging branches of the coral tooth fungus look like clusters of small icicles. They are soft when fresh but turn brittle when they dry out.

Jellies
Blobs of yellow brain fungus, also called witches' butter, appear on branches. They feel soft and jelly-like.

Glow in the dark

Some fungi, such as this ghost fungus, glow in the dark. The strange light is often green, blue, or purple. We aren't sure what causes the effect, but it could be chemicals released when the fungi feed on wood.

Making spores

When a toadstool is mature, the bottom of its cap lifts up. This exposes flaps called gills, where spores are made. Millions of spores drop out to be carried away in the air.

Warning colour
The bold red colour might be a warning to animals – fly agarics are full of poison.

Spore explosion

To reproduce, fungi scatter tiny spores, which do a similar job to the seeds of plants. The spores spread on the breeze and grow to form new fungi if they land in a suitable place. Puffballs, shown here, eject clouds of spores when raindrops hit them.

Killer fungi

A few fungi are killers. If one of their spores lands on an insect, such as this beetle, it grows into the insect's body. The fungus turns its victim into a zombie, eats it alive, and finally bursts out to release more spores.

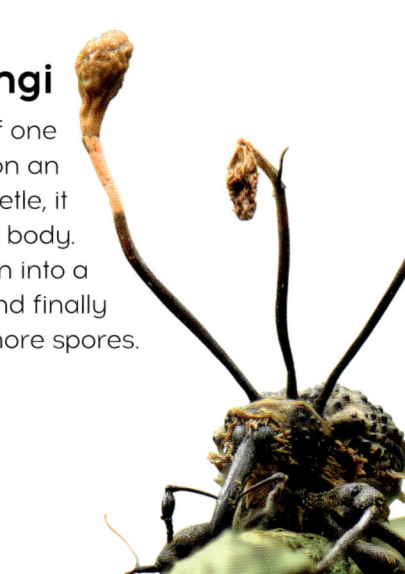

Rocks and minerals

Our planet is made of building blocks called minerals, which combine in all sorts of ways, like the ingredients in a kitchen, to form rocks. Every type of rock has its own recipe. Rocks and minerals vary massively in appearance, depending on their structure and how they reflect light. Some contain beautiful grains, bands of colour, glittering crystals, or hidden fossils that formed over millions of years.

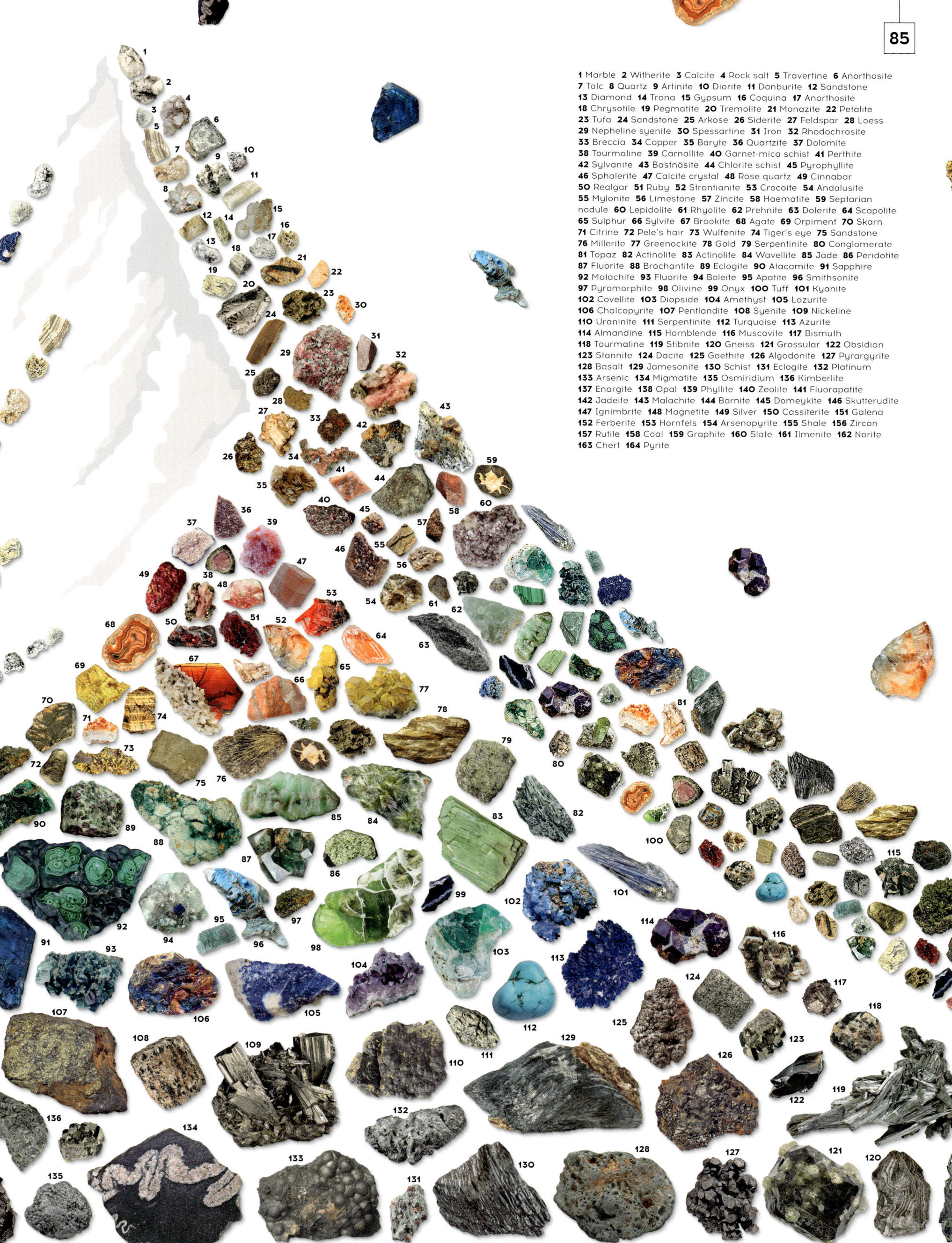

1 Marble **2** Witherite **3** Calcite **4** Rock salt **5** Travertine **6** Anorthosite
7 Talc **8** Quartz **9** Artinite **10** Diorite **11** Danburite **12** Sandstone
13 Diamond **14** Trona **15** Gypsum **16** Coquina **17** Anorthosite
18 Chrysotile **19** Pegmatite **20** Tremolite **21** Monazite **22** Petalite
23 Tufa **24** Sandstone **25** Arkose **26** Siderite **27** Feldspar **28** Loess
29 Nepheline syenite **30** Spessartine **31** Iron **32** Rhodochrosite
33 Breccia **34** Copper **35** Baryte **36** Quartzite **37** Dolomite
38 Tourmaline **39** Carnallite **40** Garnet-mica schist **41** Perthite
42 Sylvanite **43** Bastnäsite **44** Chlorite schist **45** Pyrophyllite
46 Sphalerite **47** Calcite crystal **48** Rose quartz **49** Cinnabar
50 Realgar **51** Ruby **52** Strontianite **53** Crocoite **54** Andalusite
55 Mylonite **56** Limestone **57** Zincite **58** Haematite **59** Septarian
nodule **60** Lepidolite **61** Rhyolite **62** Prehnite **63** Dolerite **64** Scapolite
65 Sulphur **66** Sylvite **67** Brookite **68** Agate **69** Orpiment **70** Skarn
71 Citrine **72** Pele's hair **73** Wulfenite **74** Tiger's eye **75** Sandstone
76 Millerite **77** Greenockite **78** Gold **79** Serpentinite **80** Conglomerate
81 Topaz **82** Actinolite **83** Actinolite **84** Wavellite **85** Jade **86** Peridotite
87 Fluorite **88** Brochantite **89** Eclogite **90** Atacamite **91** Sapphire
92 Malachite **93** Fluorite **94** Boleite **95** Apatite **96** Smithsonite
97 Pyromorphite **98** Olivine **99** Onyx **100** Tuff **101** Kyanite
102 Covellite **103** Diopside **104** Amethyst **105** Lazurite
106 Chalcopyrite **107** Pentlandite **108** Syenite **109** Nickeline
110 Uraninite **111** Serpentinite **112** Turquoise **113** Azurite
114 Almandine **115** Hornblende **116** Muscovite **117** Bismuth
118 Tourmaline **119** Stibnite **120** Gneiss **121** Grossular **122** Obsidian
123 Stannite **124** Dacite **125** Goethite **126** Algodonite **127** Pyrargyrite
128 Basalt **129** Jamesonite **130** Schist **131** Eclogite **132** Platinum
133 Arsenic **134** Migmatite **135** Osmiridium **136** Kimberlite
137 Enargite **138** Opal **139** Phyllite **140** Zeolite **141** Fluorapatite
142 Jadeite **143** Malachite **144** Bornite **145** Domeykite **146** Skutterudite
147 Ignimbrite **148** Magnetite **149** Silver **150** Cassiterite **151** Galena
152 Ferberite **153** Hornfels **154** Arsenopyrite **155** Shale **156** Zircon
157 Rutile **158** Coal **159** Graphite **160** Slate **161** Ilmenite **162** Norite
163 Chert **164** Pyrite

Building blocks

There are around 6,000 different kinds of mineral on Earth, each with its own unique set of features. The minerals combine in mixtures to create every kind of rock. Though rocks and minerals form naturally inside Earth, they are not alive.

Common minerals

Around 90 per cent of Earth's crust is made of just one group of minerals: the silicates. These contain the elements silicon and oxygen along with various metal elements. One of the most common silicate minerals is quartz, which forms purple crystals when it contains the element iron.

Geode
A geode forms when crystals grow inside the hollow interior of a rock. This geode took millions of years to form.

Crystals grow inwards towards the centre.

Amethyst crystals are purple.

Rock types

All rocks are classed as one of three main types according to the way they formed. They can form on Earth's surface or deep underground in processes that take anything from a few days to billions of years.

Igneous rocks
Rocks that form when red-hot liquid rock (lava or magma) cools and sets are called igneous. If the liquid rock solidifies slowly, small, interlocking crystals develop, giving igneous rocks like granite (above) a grainy texture.

Sedimentary rocks
These rocks form when sand or mud (sediment) build up in layers on the bottom of the sea. Over time, they're squeezed into new kinds of rock, such as sandstone (above).

Metamorphic rocks
Deep underground, heat and pressure can transform igneous and sedimentary rock into new varieties called metamorphic rocks, such as gneiss (above). These often have swirly or stripy patterns.

Gold nugget
Rocks of solid gold like this one are rare and very valuable.

Haematite

Lazurite

Azurite

Natural colours

Since ancient times, people have ground colourful minerals to make fine powders called pigments. Mixing these with substances like oil or egg yolk makes paints and dyes.

Malachite

Cinnabar   Orpiment

Precious metals

Nearly all minerals are chemical compounds made up of several elements. However, a few minerals consist of just a single element in its pure form. These include the precious metals gold and silver. Gold is sometimes found as nuggets (small rocks) or tiny grains in river gravel.

Forming landscapes

Rocks and minerals form Earth's crust – its outermost layer – and give shape to all of its landscapes, including these mountains in Chile. The planet's landscapes are reshaped by the weather, rivers and seas, and other natural forces, so are constantly changing.

These trilobites lived on the sea floor 480 million years ago.

Ancient remains

Sedimentary rock that forms on the seabed can trap the remains of living things. Some kinds of sedimentary rock consist of nothing but microscopic fossils squashed together. Others contain larger fossils of animals that lived millions of years ago.

Gemstones

The planet is full of incredible minerals that we could not do without, but the minerals we treasure most are gemstones. These precious natural objects are valued for their astonishing beauty, exceptional rarity, or superb toughness. Most gemstones contain crystals, which produce brilliant colours and make them gleam and sparkle, as if lit from deep within.

1 Phenakite **2** Milky quartz **3** Goshenite **4** Diamond **5** Albite **6** Beryllonite **7** Iolite **8** Scapolite **9** Sillimanite **10** Hambergite **11** Gypsum **12** Prehnite **13** Hambergite **14** Tourmaline **15** Sphalerite **16** Fire opal **17** Cassiterite **18** Padparadscha sapphire **19** Sard **20** Axinite **21** Fire agate **22** Zircon **23** Epidote **24** Demantoid garnet **25** Heliodor **26** Pearl **27** Calcite **28** Brazilianite **29** Rutile **30** Cerussite **31** Elephant ivory **32** Sinhalite **33** Scheelite **34** Datolite **35** Chrysoberyl **6** Danburite **37** Kornerupine **38** Citrine **39** Yellow orthoclase **40** Sunshine danburite **41** Diamond **42** Spessartine **43** Amber **44** Chiastolite **45** Padparadscha sapphire **46** Hessonite **47** Spinel **48** Rhodonite **49** Red coral **50** Alexandrite **51** Pietersite **52** Anglesite **53** Hypersthene **54** Rose-cut jet **55** Hessonite **56** Baryte **57** Chatoyant quartz **58** Fluorite **59** Smoky quartz **60** Pyrope **61** Sunstone **62** Almandine **63** Sugilite **64** Fluorite **65** Pink sapphire **66** Spinel **67** Ametrine **68** Iolite **69** Taaffeite **70** Rubellite **71** Rose quartz **72** Ruby **73** Ammolite **74** Ruby **75** Morganite **76** Morganite **77** Amethyst **78** Adularia **79** Rubellite **80** Malaya garnet **81** Bixbite **82** Rhodochrosite **83** Charoite **84** Watermelon tourmaline **85** Lapis lazuli **86** Spodumene **87** Quartz **88** Kyanite **89** Azurite **90** Sodalite **91** Obsidian **92** Topaz **93** Sapphire **94** Euclase **95** Aquamarine **96** Apatite **97** Grandidierite **98** Spinel **99** Colourless sapphire **100** Turquoise **101** Aquamarine **102** Howlite **103** Malachite **104** Agate **105** Serpentine **106** Diopside **107** Lazulite **108** Opal **109** Moonstone **110** Larimar **111** Zircon **112** Turquoise **113** Indicolite tourmaline **114** Tanzanite **115** Dumortierite **116** Hauyne **117** Benitoite **118** Phosphophyllite **119** Emerald **120** Tsavorite **121** Peridot **122** Microcline **123** Green sapphire **124** Jadeite **125** Chrysoberyl **126** Phenakite **127** Zoisite **128** Amazonite **129** Imperial jade **130** Achroite **131** Chrysoprase **132** Tektite **133** Demantoid garnet **134** Fluorite crystal **135** Zircon **136** Peridot **137** Spectrolite **138** Emerald **139** Andalusite **140** Amblygonite **141** Opal **142** Emerald **143** Diamond **144** Malachite **145** Labradorite **146** Chrysocolla **147** Parti-coloured zircon **148** Tourmaline **149** Tsavorite **150** Spodumene **151** Enstatite

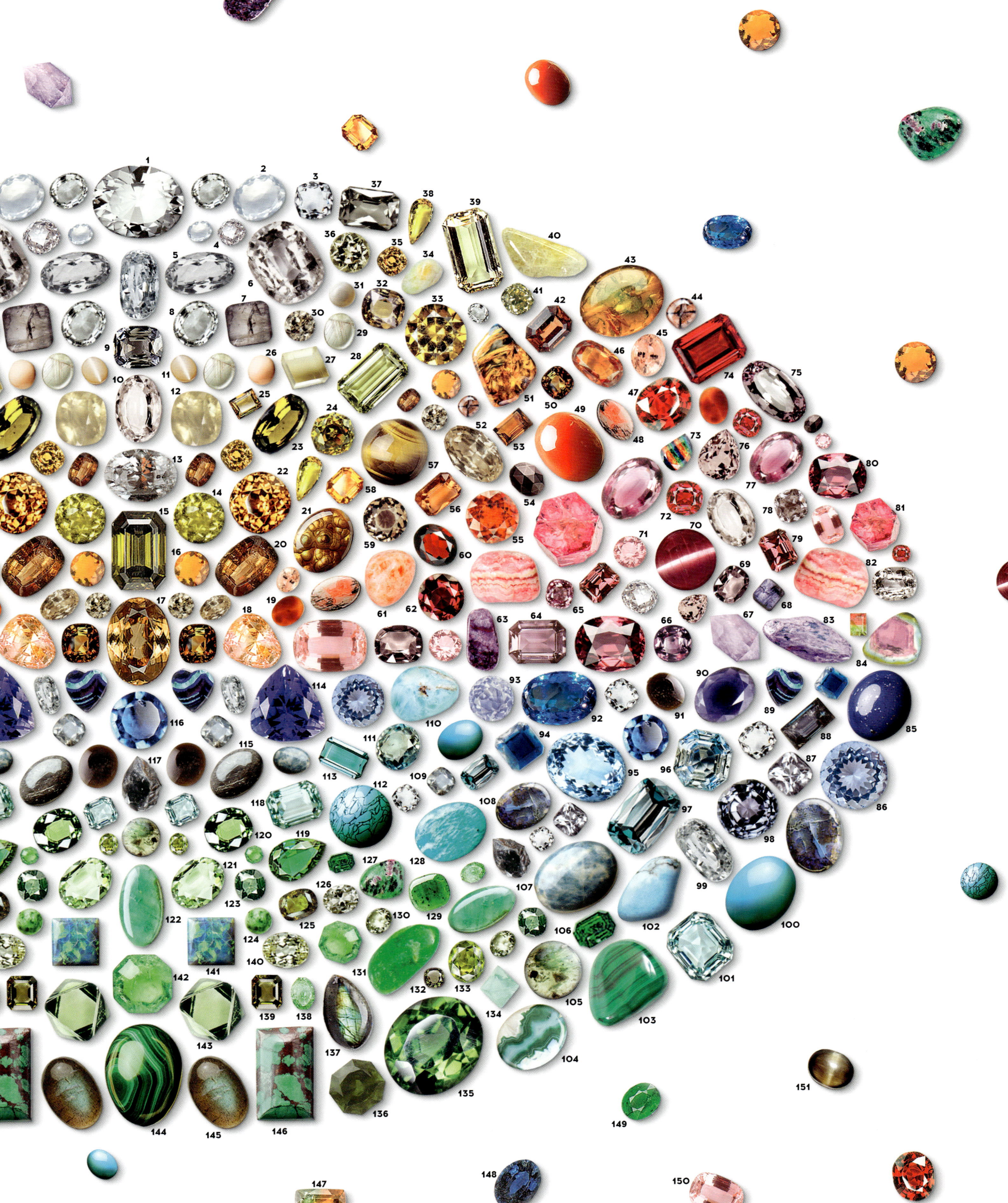

Earth's treasure chest

Gemstones are the natural rocks or minerals that jewels, or gems, are made from. People have always prized gemstones and gone to great lengths to obtain them, especially if they are hard to find. Turning them into jewels is a skilled craft. Every gemstone is unique and must be carefully inspected before it is cut or polished to enhance its colour and shine.

Cutting

In their natural state, gemstones are called rough or raw. The first step in their transformation into gems is cutting – a skill that can take years to master. Some gemstones split along natural planes of weakness, but most are cut with a diamond-tipped saw. Diamond is used because it's the hardest mineral and can cut any gemstone.

Raw peridot

After cutting and polishing, peridot is transparent and has flat surfaces called facets.

Cut peridot

Polishing

To make gemstones smooth and shiny, they are polished over and over again with ever finer kinds of sandpaper, often by machine. Some gemstones are polished into a round shape, but cut gems are polished on each flat surface, or facet.

Raw malachite

Polished malachite

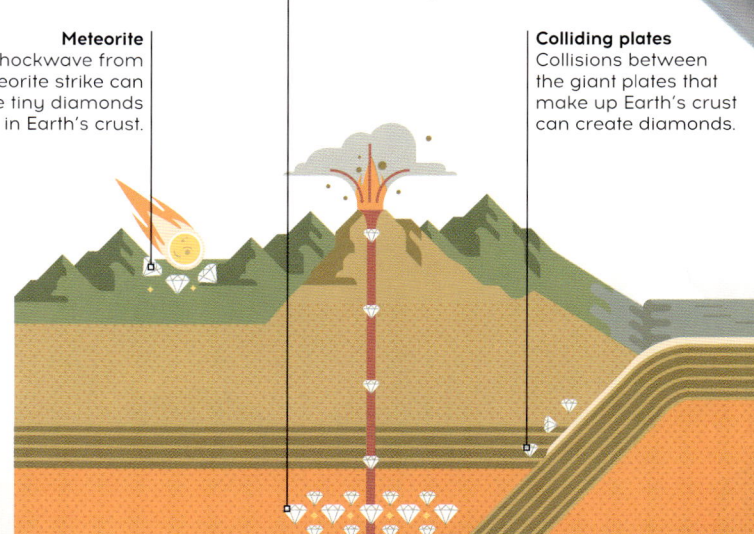

Mantle
Heat and pressure deep under Earth's crust create diamonds that can rise to the surface in volcanic eruptions.

Meteorite
The shockwave from a meteorite strike can create tiny diamonds in Earth's crust.

Colliding plates
Collisions between the giant plates that make up Earth's crust can create diamonds.

Diamonds are forever

Most natural diamonds are billions of years old. They form deep inside Earth in three main ways, all involving extremes of heat and pressure. Like coal and the graphite in pencils, diamonds are made of the element carbon, but the carbon in diamond is arranged in a way that makes it the world's hardest natural substance.

Colour variations

Some gemstones get their colours from impurities mixed into the main mineral. For example, the mineral corundum is see-through and colourless when pure, but traces of metal elements can make it blue to form sapphire or red to form ruby.

Sapphire is the mineral corundum with traces of iron and titanium.

Ruby is corundum with chromium.

Yellow and green sapphires are corundum with iron.

Cut diamond

Natural sparkle

Gemstones sparkle and flash as you turn them and see them from different angles. This wondrous phenomenon is called fire. Cut diamonds also bend light so that it bounces around inside, which makes it split into a rainbow of different colours.

Mosquito

Trapped in amber

A few types of gemstone, such as amber, come from living things. Amber is a golden, glass-like material that forms over millions of years from tree sap. Any insects or spiders that got stuck in the sap before it hardened stay preserved as tiny fossils.

Precious pebbles

Rivers and waves polish stones naturally by tumbling them with sand and grit. You can even find gems as precious as rubies and sapphires by sifting river gravel. More common gemstones, such as agate and jasper, can be spotted on pebbly beaches.

Glossary

Abdomen The rear or lower part of an animal's body.

Albumen A clear, jelly-like substance that surrounds the yolk of an egg.

Amphibian Animal with thin, often slimy skin that can live in water and on land. Frogs, toads, and newts are examples of amphibians.

Animal Organism that fuels itself by consuming food and reproduces by laying eggs or giving birth to live young. Most animals can move by walking, creeping, swimming, or flying. Invertebrates, fish, amphibians, reptiles, birds, and mammals are animals.

Antennae Sense organs on the heads of insects and other small animals. Antennae can touch, taste, and smell.

Barb A side branch on the feather of a bird.

Barbule Tiny branches off barbs on feathers that hook together.

Bark Tough covering of tree trunks and branches that protects the wood underneath.

Berry Type of fleshy fruit with one or many seeds, but no hard stone.

Biomimicry The imitation of nature in the design or invention of artificial objects.

Bird Animal that has feathers and a beak and that reproduces by laying hard-shelled eggs. Ostriches, penguins, robins, and eagles are all examples of birds.

Bivalve Type of mollusc with two shells, or valves, that are connected by a hinge. Scallops, clams, mussels, and oysters are examples of bivalves.

Blossom Flowers of some trees and bushes that may cover the plant for a short period, often in spring.

Bone Rigid structure that supports part of a vertebrate's body. Many bones connect together to form the skeleton.

Bud Part of a plant that grows into a new shoot, leaf, or flower.

Calcium carbonate A substance made from calcium, carbon, and oxygen that is found in shells, bones, and rocks such as chalk.

Camouflage Appearance of an organism that helps it hide in its surroundings.

Carbohydrate Type of substance made by living organisms, often as food. Sugars and starches are carbohydrates.

Carnivore Organism that eats meat.

Cartilage A tough, fibrous tissue that creates supporting structures in the bodies of large animals.

Catkin Long cluster of male or female flowers produced by some trees, usually pollinated by the wind.

Cellulose Tough material found in all plants. It is the main substance in the walls of plant cells.

Chitin The material that forms the exoskeleton of insects, spiders, and crustaceans. Chitin is also found in fungi.

Chlorophyll Green substance in plant cells that absorbs the energy from sunlight and allows the cells to carry out photosynthesis.

Chrysalis The middle stage in the life cycle of butterflies, between caterpillars and adult butterflies.

Clasper One of a pair of foot-like gripping organs at the rear end of a caterpillar.

Climate The long-term weather pattern found in a particular part of the world.

Cocoon A silk case made by moth caterpillars to protect them as they transform into adult moths.

Colony Big group of animals that all live together, often in the same home, such as bees and wasps.

Comet (starfish) A small starfish that has regenerated from a leg broken off another starfish.

Compound eye An eye made up of many small units, each with its own lens and light-sensitive cells.

Cone Structure made by some plants to protect their seeds or pollen. Female cones are woody and contain seeds; male cones are soft and contain pollen.

Coniferous Description of trees with needle-like leaves and cones. Most conifers are evergreen.

Crop Plant that is grown to be harvested for food, often in large fields. Rice and wheat are common crops.

Crustacean Type of arthropod with antennae, many legs, and a tough exoskeleton. Crabs, shrimps, and lobsters are examples of crustaceans.

Crystal A form of mineral that usually has a geometric shape with many flat sides and straight edges.

Deciduous plant A plant that loses all its leaves once a year, usually in a cold or dry season, and then regrows them.

Drone A male bee in a honeybee colony.

Echinoderm A spiny-skinned marine animal such as a starfish, sea urchin, or brittle star.

Egg Cell from which a baby animal grows. It may exist inside or outside the mother's body. Eggs laid outside can be soft, as in amphibians; leathery, as in reptiles; or hard, as in birds.

Egg tooth A small, sharp bump on the beaks of baby birds that is used to crack the egg shell before hatching.

Element Simplest form of a chemical, which can't be broken down further.

Elytra The tough protective wing cases of beetles.

Embryo Young organism at an early stage of development found inside a seed, an egg, or a uterus.

Endangered When a species is becoming rare and might go extinct.

Enzyme A biological molecule that can speed up a chemical reaction. Digestive enzymes, for example, speed up the reactions that break down food in an animal's intestines.

Evergreen plant A plant that keeps its leaves all year round.

Exoskeleton Hard covering that supports the body of some creatures. Exoskeletons must be moulted for the animal to grow bigger.

Extinct When there are none of a particular species left alive.

Fertilization The joining of a male sex cell (sperm) and female sex cell (egg). This creates a baby plant or animal, called an embryo.

Fish Animal with fins and scales that lives underwater. Salmon, eels, and sharks are examples of fish.

Fossil Rock that is the preserved remains or traces of an organism that lived many years ago.

Fossilization Process by which an organism turns to rock over many years. Usually only hard parts of a life form become fossilized: for example, bones, shells, and branches.

Fruit Structure that surrounds a plant's seeds. Fruits can be fleshy, such as a berry, or hard and dry, such as a nut.

Fruiting body (fungus) The part of a fungus that produces spores, such as a mushroom or toadstool.

Fungus Living thing that usually grows in soil or other organic matter and gets food by digesting the remains of plants and animals. Mushrooms, toadstools, and moulds are parts of fungi.

Gastropod Type of mollusc that crawls on a strong, muscular foot. Slugs and snails are examples of gastropods.

Gemstone Mineral that is colourful or rare and used in jewellery.

Gills Feathery organs that some animals use to breathe underwater. The thin flaps under the caps of mushrooms and toadstools are also called gills.

Habitat Place where an organism lives. Certain life forms can only survive in specific habitats – for example, an ocean, rainforest, or desert.

Haemolymph The blood of insects, spiders, or crustaceans. Haemolymph can be yellow, green, blue, or clear.

Herbivore Organism that eats plants.

Hyphae Fine strands that make up the main body of fungi growing in soil, rotting wood, or other organic materials.

Igneous rock Rock that forms when molten rock (magma or lava) cools and solidifies.

Intestines Long, tube-like organs where food is digested and absorbed into the body of an animal.

Invertebrate Animal with no backbone. Some invertebrates have other internal or external skeletons that support their bodies. Worms, insects, and molluscs are examples of invertebrates.

Keratin Tough material found in some animals. Keratin makes up hair, nails, claws, feathers, and horns.

Larva Young of certain animals, including insects and amphibians. Larvae can look very different to the adult creature.

Lava Molten rock that flows onto Earth's surface from a volcano.

Leaf Structure that plants use to carry out photosynthesis. Leaves often have a flat upper surface, but can be needles, spines, or other shapes. They are usually green and filled with chlorophyll.

Lignin Extremely strong material found in some plant cells. Lignin and cellulose are the main materials in wood.

Magma Molten rock that is underground.

Mammal A warm-blooded animal that has hair and that feeds its young with milk. Deer, elephants, kangaroos, camels, and rodents are all examples of mammals.

Metamorphic rock A type of rock that forms underground when heat and pressure change the chemical make-up of other kinds of rock.

Metamorphosis Process by which certain animals including insects and amphibians transform from a larva to an adult.

Midrib The central vein running along a leaf from its stalk to its tip.

Migration Process by which certain animals travel a long distance from one place to another, usually to breed or find food.

Mineral Substance made from a specific mixture of elements. Minerals always have crystals and can be brightly coloured.

Mollusc Type of invertebrate animal with a soft body and often a shell, such as slugs and snails, octopuses and squid, and bivalves.

Moulting Process of shedding body coverings, which are then replaced. Birds moult their feathers and insects moult their exoskeletons.

Muscle Strong organ that animals use to help them move. Muscles can shorten or lengthen to pull body parts into different positions.

Mycelium The network of hyphae produced by a fungus as it grows through soil, rotting wood, or other organic material.

Nectar Sweet liquid made by plants to attract pollinators.

Nest Structure built by an animal in which to raise its young.

Nictitating membrane A transparent or partly transparent extra eyelid found in birds, reptiles, and other animals.

Nocturnal Active by night.

Nut Type of dry fruit with a hard shell that protects the seed inside. Acorns and chestnuts are nuts, but many other things we call "nuts", such as peanuts, are not true nuts.

Nutrient Substance that helps a living thing grow. Minerals in the soil are important plant nutrients.

Nymph Type of larva that changes gradually from a baby to an adult.

Ovary Part of a plant or animal that contains female reproductive cells. In flowering plants, the embryo becomes a fruit.

Palp A part of an insect's mouthparts that tastes and handles food.

Petal Part of a flower that is often colourful and scented to attract pollinators. Petals are a type of leaf.

Petiole The stalk that attaches a leaf to a plant.

Pheromone A chemical such as a scent that is released into the environment by an animal and affects the behaviour of other animals.

Photosynthesis Process by which plants make food. They do this by using the energy from sunlight to change carbon dioxide gas and water into sugars and oxygen.

Pigment Colourful substance. For example, the pigment chlorophyll makes leaves green. Also refers to a mineral ground up to make paint or dye.

Plant Living thing that usually makes food from sunlight by photosynthesis. Most plants grow in soil and have leaves, stems, veins, and roots.

Poison Toxic substance that will harm or kill an organism that eats or touches it.

Pollen Tiny grains produced by male flowers or cones so a plant can reproduce.

Pollination When pollen is moved from the male anther of one flower to the female stigma of another flower of the same type.

Pollinator Animal that transfers pollen from the male parts of a flower to the female parts.

Predator Animal that hunts and kills other animals, called prey, for food.

Prey Animal that is hunted and killed by other animals, called predators.

Proboscis An elongated, tube-like mouthpart used for feeding and sucking.

Proleg A fleshy leg on the abdomen of a caterpillar, unlike the jointed true legs at the front of the body.

Protein A substance made by living organisms to support their structure and functions. For example, muscles are mainly made of proteins.

Pupa The middle, non-feeding stage in the life cycle of an insect when it undergoes a dramatic change from larva (the young form) to adult.

Quill The stiff, hollow base of a feather's shaft.

Radula The rasping tongue of a slug or snail.

Resin Thick, sticky liquid made by trees, especially conifers, to heal damaged bark or seal up ripening cones.

Rock Substance made from a mixture of minerals. Rocks are usually hard, and they make up the Earth's outer layer.

Sedimentary rock A kind of rock formed from compacted sediment (mud, sand or other particles) that builds up on the floor of a sea or lake.

Seed Structure produced by plants from which a new plant grows.

Setae Short sensory hairs on the bodies of insects and other small animals.

Shell Hard, protective covering. Animal shells are usually made of calcium carbonate. Some plants produce nuts with shells made of cellulose and lignin.

Skeleton A framework of hard body parts that supports the body of an animal.

Spawn The eggs of aquatic animals such as fish or frogs.

Species Type of organism. Members of the same species can breed together and usually look similar.

Spiracle A breathing hole in the surface of an animal's body.

Spore Dust-like particle similar to a seed that mosses, ferns, and fungi spread to grow into new organisms.

Stamen Male part of a flower. Stamens produce pollen.

Stem Stalk that supports a plant and transports water and nutrients. Stems can be soft or woody.

Stigma Female part of a flower that receives pollen.

Symmetrical Made up of parts with matching or mirrored shapes.

Tectonic plate One of the large, mobile fragments that makes up Earth's crust (outermost layer).

Tentacle A long, soft, and highly flexible extension of an animal's body.

Thorax The central segment in an animal's body, between the head and abdomen (rear).

Tropical In or from the warm zone of Earth close to the equator.

Trunk Woody, bark-covered central stem of a tree.

Vane (feather) The flat part of a feather, made up of barbs and barbules.

Vein Tube that gives a leaf strength and holds it in shape, and that carries water, sugars, and other nutrients around the plant.

Venomous Description of an organism that makes venom. Venoms are toxic substances that will kill or damage an organism injected with them.

Yolk A part of an animal's egg that is rich in nutrients such as fat and protein. In birds and reptiles, the yolk is the egg's yellow centre.

Index

A
abalones 58
agate 91
albumen 39
amber 91
amphibians 44
animal seed dispersal 74, 75, 79
antennae
  beetles 30
  butterflies and moths 10, 11, 14-15
  dragonflies and damselflies 27
  stick insects 35
ants 35
apples 75
apricots 75
aubergines 75
azurite 87

B
barbs 42, 43
barbules 42, 43
bats 71
bee orchids 71
bees 4-7, 70
beetles 28-31
  number of 29
  zombie 83
bioluminescence 30, 83
birds
  eggs 36, 38-9
  feathers 40, 42-3
  pollination 71
  seed dispersal 79
bivalves 58
boobies, blue-footed 38
brain fungi, yellow 83
breathing
  dragonflies and damselflies 27
  fish 50, 51
  frogs and toads 44, 47
  tadpoles 47
brittle stars 60, 63
bumblebees 6, 70
butterflies 8-11, 12, 22, 23, 62
  caterpillars 16-19
  chrysalises 20-23

C
cacti 67, 71
caimans 39
calcium 58
calcium carbonate 36
camouflage
  caterpillars 16, 18
  chrysalises 23
  feathers 40
  fish 48
  frogs and toads 44
  moths 14, 15
  stick and leaf insects 32, 34-5
carbon 90
carbon dioxide 67
cartilaginous fish 51
caterpillar fungus 82
caterpillars 11, 12, 15, 16-19
  chrysalises and cocoons 20-23
catkins 71
chillis 75
chloroplasts 67
chrysalises 11, 20-23
cinnabar 87
coal 90
cockles 59
cocoons 21, 23
colonies, bees 6, 7
comets (starfish) 63
cones 76-9
conifers 78, 79
contour feathers 43
coral fungus 83
coral tooth fungi 83
corundum 91
courtship, birds 43
cowries 59
crabs, hermit 58
crocuses 70
crops 72
crust, Earth's 86, 87, 90
crystals 84, 88
cucumber 75
cutting gemstones 90

D
damselflies 24-7
deciduous trees 67
decomposers 31
defence
  caterpillars 18
  fish 51
  frogs and toads 47
  starfish 63
diamonds 90-91
dinosaurs 36, 69
diving beetles 31
down feathers 43
dragonflies 24-7
drones 6
ducklings 39
dyes 87

E
echinoderms 63
eggs 36-9
  butterflies and moths 9, 18
  fish 51
  frogs and toads 46, 47
  snails 55
  stick and leaf insects 35
embryos 38, 39
enzymes 22
evergreen trees 67
evolution
  caterpillars 18
  leaves 67
  stick and leaf insects 32, 35
exoskeleton, beetles 31
eyes
  bees 6, 7
  beetles 30
  damselflies 27
  frogs 46
  moths 14
  scallops 58
  starfish 60

F
facets, gemstones 90
feather stars 60, 63
feathers 40-43
feelers, starfish 63
fir trees 76
fire, gemstones 91
fire-bellied toads 47
fireflies 30
fish 48-51
flamingos 42
flight feathers 43
florets 71
flowers 5, 9, 68-71, 74
  hidden patterns 6
  scent 14, 70
fly agaric toadstools 82
flying frogs 47
forest fires 79
fossils 84, 87
  amber 91
frogs 44-7
fruiting bodies 82
fruits 70, 72-5
fungi 80-83

G
geckos, leaf-tailed 34
gemstones 88-91
geodes 86-7
ghost fungi 83
gills
  dragonflies and damselflies 27
  fish 50, 51
  fungi 82, 83
  tadpoles 47
gneiss 86
gold 87
granite 86
graphite 90
gypsy moth caterpillars 19

H
habitats
  beetles 29
  butterflies 9
  dragonflies and damselflies 25
  fish 48
  moths 12
  mushrooms and toadstools 80
  starfish 60
haematite 87
hard fruits 75
hatching 38-9
hawkmoths
  bee 7
  elephant 15
hazelnuts 75
hives 5
honey 7
honeybees 5, 6
horns, caterpillars 16, 18
hummingbirds 71
hyphae 82

I
igneous rocks 86
impurities, gemstones 91
incubation 38
iron 91

J
jack pines 79
jasper 91
jawfish 51
jawless fish 51
jays 79
jewels 90
jumping sticks 34

K
kelp 63
keratin 42
kiwanos (jelly melons) 74

L
lacewings 39
ladybirds 30
larvae
  bees 6, 7
  beetles 30, 31
  caterpillars 16-19
lazurite 87
leaf insects 34-5
leaf litter 67
leaf-hoppers 34
leaves 64-7
lemons 75

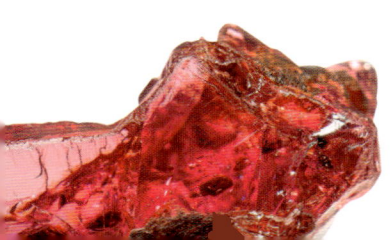

leopard slugs 55
life cycle
  beetles 30
  butterflies 9, 22
  dragonflies and damselflies 27
  frogs and toads 47
light, attraction to 15
limb regeneration 63
limpets 58
lionfish 51

M

magma 86
malachite 87
mandarins 75
mantle, Earth's 90
mates, attracting
  bees 7, 71
  beetles 30
  birds 40
  butterflies 10
metals, precious 87
metamorphic rocks 86
metamorphosis
  butterflies and moths 21, 22–3
  dragonflies 27
  frogs and toads 47
meteorites 90
micro moths 15
midwife toads 46
migration
  butterflies 10, 11
  salmon 51
mimicry 7, 14, 19, 34–5, 71
minerals 84–7, 88
  gemstones 90, 91
molluscs 52–5, 56–9
monarch butterflies 11
mother of pearl 58
moths 12–15, 22
  caterpillars 12, 16–19
  cocoons 21, 23
moulting, caterpillars 19
mountains 87
murex snails 59
mushrooms 80–83
mussels 59
mycelium 82

N

nautiluses 58
nectar 5, 7, 14, 15, 70

nests
  ants 35
  bees 6
nymphs 27

O

octopuses, giant Pacific 39
oranges 75
orchid bees 7
orchid mantises 34
orchids, bee 71
orpiment 87
ostriches 38
ovaries, flowers 70, 74
oxygen 66, 67
oysters 58

P

painted lady butterflies 23
painted snails, Cuban 54
Papilionoidea 10
patterns
  bees 5
  butterflies and moths 9, 11, 14
  caterpillars 19
  cones 76, 78
  eggs 36, 39
  flowers 6
  rocks and minerals 86
  shells 54, 59
  stick and leaf insects 35
peacocks 43
pears 74
peas 75
pebbles 91
penguins, emperor 43
perfume 69
peridot 90
petals 69
photosynthesis 67
pigments 87
pine cones 76–9
pine trees 76
pineapples 78
plants
  and fungi 82
  cones 76–9
  flowers 68–71
  fruits 72–5
  leaves 64–7

poison
  caterpillars 18
  fish 51
  frogs and toads 44, 47
  fruits 72
  fungi 83
polishing gemstones 90
pollen 70, 79
pollination 70, 71
  bees 7
  fruits 72
pomelos 75
poo, seed dispersal 74, 75
proboscis
  butterflies 11
  moths 15
puffballs 83
pumpkins 74

Q

queen bees 6
queen conches 59

R

recyclers 82
reproduction, snails and slugs 55
resin 79
rivers 87, 91
rocks 84–7, 90
rubies 91

S

saguaro cacti 71
salmon 51
sand 58
sand dollars 63
sandstone 86
sapphires 91
scales
  butterflies 10
  cones 76, 78
  fish 50
  moths 15
scallops 58
scent, flowers 14, 70
sea urchins 59, 63
seashells 56–9

seasonal changes, leaves 67
sedimentary rocks 86, 87
seeds
  cones 76–9
  flowers 70, 71
  fruits 74, 75
selective breeding 75
sequoias, giant 79
sex cells 70
sharks, horn 39
shells
  eggs 36, 38–9
  seashells 56–9
  snails 52, 54
shoals 51
silicates 86
silk moths 23
slime, snails 54
slugs 54–5
snails 52–5
  sea 59
soft fruits 75
spawn 39, 47
spines
  cacti 67
  lionfish 51
  sea urchins 63
spiral patterns 52, 56, 78
spores 82, 83
spruce trees 79
squash 75
squirrels 79
stag beetles 31
stamens 70
starfish 60–63
stick insects 32–5
stigma 70
stingers 6
stings 5
strawberries 74
streamlining 48
succulents 67
sugars 74, 82
sundials 59
sunflower starfish 60
sunflowers 71, 78
sunlight 67
swallowtails, common 10–11
symmetry 62, 64

T

tadpoles 46, 47
tail feathers 43
tails, fish 51
tanagers 75
tectonic plates 90
teeth, snails 55

tiger beetles 31
tiger clearwing butterflies 23
titanium 91
toads 44–7
toadstools 80–83
tomatoes 75
toxins 22, 44, 47, 51
trails, snail 54
tree frogs 47
tree sap 91
trilobites 87
trumpet vines 71

V

vegetables 75
veils, fungi 82
veins, leaves 66
Venus flytrap 67

W

water lilies, giant 67
weather 87
wind pollination 71, 79
wings
  bees 6, 7
  beetles 30
  birds 42, 43
  butterflies 10
  dragonflies and damselflies 27
  stick and leaf insects 35
worker bees 6

Y

yeast 82
yolks 39

Z

zombies 83

Acknowledgments

The publisher would like to thank Katie John for proofreading, Nick Crumpton for consultancy, Helen Peters for indexing, Heena Sharma for design support, Nityanand Kumar for DTP design support, and Samrajkumar S for picture research administration.

The publisher would also like to thank the following for their kind permission to reproduce their photographs: (Key: a-above; b-below/bottom; c-centre; f-far; l-left; r-right; t-top)

1 Alamy Stock Photo; Dreamstime.com; Dorling Kindersley; Getty Images. 2 Dorling Kindersley: Natural History Museum, London / Colin Keates (c). **Dreamstime.com:** Evgeniya Moroz (clb); Photowitch (tl). **Shutterstock.com:** hena cher (bc). **2-3 Getty Images:** Moment / Tomekbudujedomek (tc). **3 Adobe Stock:** blackdiamond67 (bl). **Dorling Kindersley:** Thomas Marent and Thomas Marent (tr). **Dreamstime.com:** Inna Tarasenko (br); Vladvitek (crb). **4-5 123RF.com; Adobe Stock; Alamy Stock Photo; Depositphotos Inc; Dorling Kindersley; Dreamstime.com; Getty Images; Getty Images/ iStock; Nature Picture Library; Shutterstock.com; USGS. 6 Alamy Stock Photo:** imageBROKER.com / Matt Cole (ca). **Dreamstime.com:** Witold Krasowski (cra). **Getty Images / iStock:** DieterMeyrl (c); tomark (tl). **Science Photo Library:** Steve Gschmeissner (cla); Cordelia Molloy (br). **7 Alamy Stock Photo:** Nature Picture Library / MYN / Clay Bolt (c); Nature Picture Library / Niall Benvie (br). **Getty Images:** 500Px Plus / John Kimbler (bl). **Claire Ingram:** (tr). **8-9 Alamy Stock Photo; Dorling Kindersley; Shutterstock.com. 10-11 Dorling Kindersley:** Thomas Marent (t). **10 Depositphotos Inc:** aodaodaodaod (2/cb). **Dorling Kindersley:** Natural History Museum, London / Colin Keates (1/cb); Natural History Museum, London / Frank Greenaway (4/cb, 5/cb, 6/cb, 7/cb). **Warren Photographic Limited:** (cl). **11 Dorling Kindersley:** Thomas Marent (b). **Dreamstime.com:** Romantiche (cra). **Getty Images:** Photographer's Choice RF / Sylvain Cordier (bl). **12-13 Alamy Stock Photo;Dorling Kindersley; Dreamstime.com. 14-15 Alamy Stock Photo:** Nature Picture Library / John Abbott (t). **14 Alamy Stock Photo:** Minden Pictures / Ingo Arndt (br); Nature Picture Library / John Abbott (ca); Nature Photographers Ltd / PAUL R. STERRY (bc). **Dreamstime.com:** Bidouze Stephane (bc/macrocilix maia). **15 Alamy Stock Photo:** Richard Becker (clb); Rebecca Cole (c). **Shutterstock.com:** Marek R. Swadzba (br). **16-17 Alamy Stock Photo;Dorling Kindersley; Dreamstime.com; Getty Images/ iStock. 18 Getty Images:** The Image Bank / Oxford Scientific (tr). **18-19 Getty Images:** 500px / vilichka2015 (bc). **Igor Siwanowicz. 19 Dreamstime.com:** Cathy Keifer (tr); Jason Ondreicka (crb). **naturepl.com:** Doug Wechsler (br). **20-21 Adobe Stock; Alamy Stock Photo; Dorling Kindersley; Dreamstime.com; Getty Images; Getty Images/ iStock. 22-23 Getty Images / iStock:** CathyKeifer (t). **22 Alamy Stock Photo:** Denis Crawford (crb/eggs). **Dorling Kindersley:** Natural History Museum, London / Colin Keates (crb/butterfly). **Dreamstime.com:** Tenrook (crb). **naturepl.com:** Edwin Giesbers (crb/chrysalis). **23 Alamy Stock Photo:** All Canada Photos / Barrett & MacKay (bl); Avalon.red / Stephen Dalton (bc); Chronicle (br). **DRYAD:** (cb). **24-25 Adobe Stock; Alamy Stock Photo; Dorling Kindersley; Dreamstime.com; Getty Images; Getty Images/ iStock; Shutterstock.com. 26 Adobe Stock:** blackdiamond67 (bl). **naturepl.com:** Etienne Littlefair (cla). **Science Photo Library:** John Devries (cl). **26-27 Alamy Stock Photo:** AGP / Paolo Reda - REDA &CO (b). **27 naturepl.com:** Bernard Castelein (tr); Ross Hoddinott (br). **Science Photo Library:** Nature Picture Library / Jan Hamrsky (tl). **28-29 Alamy Stock Photo; Dorling Kindersley; Dreamstime.com; Shutterstock.com. 30-31 Nikola Rahme:** (b). **30 Alamy Stock Photo:** Nature Picture Library / Tony Wu (cl). **Dreamstime.com:** Cathy Keifer (c); Photowitch (tr); Pzaxe (tl); Palex66 (tl/seven-spot ladybird). **31 Alamy Stock Photo:** Biosphoto / Stephane Vitzthum (cra). **Dreamstime.com:** Jmrocek (br). **Getty Images / iStock:** ConstantinCornel (cr). **32-33 Adobe Stock; Alamy Stock Photo; Dorling Kindersley; Dreamstime.com; Getty Images/ iStock; Nature Picture Library; Science Photo Library; Shutterstock.com. 34 Alamy Stock Photo:** Minden Pictures / Thomas Marent (br); Nature Picture Library / Alex Hyde (bc); Nature Picture Library / Enrique Lopez-Tapia (bc/gecko). **Getty Images / iStock:** wisan224 (bl). **34-35 Dreamstime.com:** Isselee (t). **35 Alamy Stock Photo:** Minden Pictures / Piotr Naskrecki (br); Nature Picture Library / Pete Oxford (cr). **36-37 123RF.com; Adobe Stock; Alamy Stock Photo; Dorling Kindersley; Dreamstime.com; Getty Images; Getty Images/ iStock; Shutterstock.com. 38 Alamy Stock Photo:** Life on white (br/cassowary egg); Borislav Marinic (br). **Dreamstime.com:** Le Thuy Do (bc); Burt Johnson (bl). **39 Adobe Stock:** Tonia (crb). **Alamy Stock Photo:** Minden Pictures / Fred Bavendam (bc); Nature Picture Library / Ingo Arndt (cb). **Dreamstime.com:** Hollyharryoz (br). **40-41 Alamy Stock Photo;Dorling Kindersley; Dreamstime.com; Featherbase; Getty Images/ iStock; Shutterstock.com. 42 Dreamstime.com:** Passakorn Umpornmaha (t). **Science Photo Library:** Dennis Kunkel Microscopy (cl); Nature Picture Library / Ernie Janes (bl). **42-43 Dreamstime.com:** Mustafanc (c). **43 Alamy Stock Photo:** Minden Pictures / Norbert Wu (tr). **Getty Images / iStock:** E+ / Ithinksky (br). **44-45 Alamy Stock Photo; Dorling Kindersley; Dreamstime.com. 46 Dorling Kindersley:** Thomas Marent (l). **Dreamstime.com:** Zdeněk Mačát (br). **Getty Images / iStock:** Mark Kostich (tc). **47 123RF.com:** yod67 (br). **Adobe Stock:** kuritafsheen (bl). **Alamy Stock Photo:** Blueshiftstudios / David Cook (bc/common frog); Minden Pictures / Stephen Dalton (clb); Nature Picture Library / Jen Guyton (bc/robber frog). **Dorling Kindersley:** Thomas Marent (bc); **Dreamstime.com:** Michiel De Wit (bc). **Shutterstock.com:** Kurit afshen (tr). **48-49 Alamy Stock Photo; Dreamstime.com; Dorling Kindersley; Getty Images. 50 Dreamstime.com:** Mirkorosenau (tc). **naturepl.com:** Maxime Aliaga (br). **51 BluePlanetArchive.com:** Steven Kovacs (crb). **Christopher Doherty Photography:** (cla). **Dreamstime.com:** Arsty (bc); Vladvitek (tc); Sekarb (cb). **52-53 Adobe Stock; Alamy Stock Photo; Dreamstime.com; Dorling Kindersley; Getty Images/ iStock; Nature Picture Library; Shutterstock.com. 54 Alamy Stock Photo:** Nature Picture Library / Bruno D'Amicis (tl). **Science Photo Library:** Ian Gowland (bl). **54-55 Alamy Stock Photo:** Nature Picture Library / Kim Taylor (c). **55 Alamy Stock Photo:** Nature Picture Library / Ingo Arndt (r). **naturepl.com:** Nature Production (tr). **Science Photo Library:** Eye Of Science (bc). **56-57 Dorling Kindersley; Simon Aiken. 58 123RF.com:** Andreahast (tl). **Alamy Stock Photo:** Buiten-Beeld / Jelger Herder (cl). **Getty Images / iStock:** E+ / Julichka (cr); Kimeveruss (clb). **naturepl.com:** Alex Mustard (c). **58-59 Getty Images / iStock:** Malerapaso (c). **59 Depositphotos Inc:** Roger-Scardigno (br). **Dreamstime.com:** Jeremy Campbell (cra); Isselee (bc). **60-61 Adobe Stock; Alamy Stock Photo; Dreamstime.com; Dorling Kindersley; Getty Images/ iStock; Nature Picture Library; Science Photo Library; Shutterstock.com. 62 Dreamstime.com:** Feathercollector (cra); Kooslin (tr). **63 BluePlanetArchive.com:** Doug Perrine (tl). **naturepl.com:** Brandon Cole (clb); Georgette Douwma (cb). **Science Photo Library:** Georgette Douwma (cb/Brittle star); Andrew J. Martinez (bc). **Shutterstock.com:** Abcphotosystem (crb); Almondd (br). **64-65 Alamy Stock Photo; Dreamstime.com; Dorling Kindersley. 67 Alamy Stock Photo:** Adrian Davies (bc/Making babies); Ernie Janes (clb); DPA Picture Alliance / Julian Stratenschulte (cb). **Getty Images / iStock:** Lubilub (bc); Amelia Fuentes Marin (bl). **© Mary Jo Hoffman:** (cl). **Science Photo Library:** John Durham (tl). **Damien Walmsley:** (crb). **68-69 123RF.com; Alamy Stock Photo; Dreamstime.com; Dorling Kindersley; Getty Images; Getty Images/ iStock. 70 Alamy Stock Photo:** Lemanieh (bl). **Shutterstock.com:** Frank Reiser (cl). **71 Alamy Stock Photo:** Natural Visions / Heather Angel (bc/Blowing in the wind). **Getty Images:** Moment / Larry Keller, Lititz Pa. (bl). **Science Photo Library:** Merlintuttle.org (bc). **Shutterstock.com:** hena cher (t); Amanda Jayne Smith (br). **72-73 Alamy Stock Photo; Dreamstime.com; Dorling Kindersley; Getty Images; Getty Images/ iStock; Shutterstock.com. 74 Alamy Stock Photo:** Paul Thompson Images / Chris Ballentine (bc). **Depositphotos Inc:** Bergamont (cla). **Getty Images:** Moment / Rosmarie Wirz (br); Stone / Mike Powles (br/Ripening). **74-75 Dreamstime.com:** Inna Tarasenko (tc).**75 Alamy Stock Photo:** Gabbro (br). **Dreamstime.com:** Draftmode (cr); Valentyn75 (cb). **Getty Images / iStock:** Dizolator (crb); Tetiana Rostopira (tr); Tim UR (cra, c); John Shepherd (cr/Cucumber); Everyday better to do everything you love (bl). **Shutterstock.com:** Kovaleva_Ka (crb/Peas). **76-77: Alamy Stock Photo; Dreamstime.com; Dorling Kindersley; Getty Images/ iStock; Shutterstock.com. 78 Dreamstime.com:** Micha Klootwijk (bl). **78-79 Dreamstime.com:** Myslitel (b). **79 Alamy Stock Photo:** Associated Press / Noah Berger (cr); Nature Picture Library / Phil Savoie (tl); Bob Gibbons (tr). **Science Photo Library:** Brian Gadsby (ca). **80-81 Alamy Stock Photo; Dreamstime.com; Dorling Kindersley. 82 Adobe Stock:** Sanja (tc/Cups). **Alamy Stock Photo:** Jean Hall (bl). **Shutterstock.com:** Shutter_Arlulu (tr); Emmerz (tc). **82-83 Alamy Stock Photo:** Minden Pictures / Ronald Moolenaar / Buiten-beeld (bc). **83 Alamy Stock Photo:** Nature Picture Library / Chris Mattison (cl); www.pqpictures.co.uk (tl). **Chien C. Lee:** (br). **Dreamstime.com:** Alexey Antipov (tr). **Getty Images / iStock:** Cherdchai Chawienghong (cra); Weinkoetz (tc). **naturepl.com:** Alex Hyde (cr). **84-85 Alamy Stock Photo; Dreamstime.com; Dorling Kindersley. 86-87 Getty Images:** Moment / Tomekbudujedomek (bc). **86 Alamy Stock Photo:** José Maria Barres Manuel (cl). **Dreamstime.com:** Vvoevale (clb). **87 Depositphotos Inc:** margaryta.chebotaieva@gmail.com (cr). **Dorling Kindersley. Dorling Kindersley. Dreamstime.com:** Fokinol (tr/Haematite); Björn Wylezich (tl). **Getty Images / iStock:** Rusm (tr/Paper). **88-89 Alamy Stock Photo; Dreamstime.com; Dorling Kindersley; Jeff Scovil. 90-91 Getty Images / iStock:** E+ / JamesBrey (c). **90 Dorling Kindersley:** Holts Gems, Hatton Garden / Richard Leeney (cb). **Getty Images / iStock:** Besedin (bc); Hsvrs (bl). **91 Alamy Stock Photo:** Stefan Sollfors (crb); TommyK (tc/Ruby); Valery Voennyy (tr). **Dorling Kindersley:** Holts Gems / Ruth Jenkinson (tc). **Shutterstock.com:** Vvoe (br). **93 Alamy Stock Photo:** Nature Picture Library / John Abbott (br). **Dreamstime.com:** Pzaxe (tl). **94 Alamy Stock Photo:** Blueshiftstudios / David Cook (tl); TommyK (bl). **95 Shutterstock.com:** hena cher (cr); Kovaleva_Ka (tc).

Cover images: *Front and Back:* **123RF.com:** alekss, Boonchuay, cynoclub / Bonzami Emmanuelle, Hapelena, Pixelelfe / Petra Schüller, Liubov Shirokova, Studio306; **Depositphotos Inc:** natika; **Dorling Kindersley:** Gyuri Csoka Cyorgy, Holts Gems, Hatton Garden / Richard Leeney, Natural History Museum, London / Colin Keates, Natural History Museum, London / Frank Greenaway, Natural History Museum, London / Tim Parmenter, Linda Pitkin; **Dreamstime.com:** Dreamstimedk, Eivaisla, Richard Griffin, kikkerdirk / Dirk Ercken, Ali Altug Kirisoglu, Tamara Kulikova, Robyn Mackenzie, Marcouliana, Mgkuijpers / Matthijs Kuijpers, Alexander Potapov, Artaporn Puthikampol, Rbiedermann, Taviphoto, Vitalssss, Ewa Walicka, Xxmajaxx, Zelfit; **Getty Images / iStock:** E+ / AntiMartina, E+ / Imv, Lekyum; **Julian Kamzol; Shutterstock.com:** Dirk Ercken; *Front:* **Alamy Stock Photo:** Joel Douillet clb/ (Sweet Juliet), crb/ (Sweet Juliet), Friedrich von Hörsten crb, clb, Jatesada Natayo, Robert Wyatt cla, cra; **Dreamstime.com:** Grafvision; **Shutterstock.com:** Oleksandr Kostiuchenko; *Back:* **123RF.com:** Melinda Fawver; **Alamy Stock Photo:** Joel Douillet clb/ (Sweet Juliet), crb/ (Sweet Juliet), Friedrich von Hörsten clb, crb, Jatesada Natayo tl, tr, Robert Wyatt cra, cla; *Spine:* **Alamy Stock Photo:** Image Source Limited / Corey Hochachka t; **Getty Images:** Moment / Tomekbudujedomek b

For full credits please see www.dk.com/uk/picturecredits/shapesofnature

DK Penguin Random House

DK LONDON

Senior editor Ben Morgan
Senior art editor Smiljka Surla
Managing editor Rachel Fox
Managing art editor Owen Peyton Jones
Designers Emma Clayton, Jim Green, Joe Lawrence, Rhys Thomas
Production editor Becky Fallowfield
Production controller John Casey
Publisher Andrew Macintyre
Art director Mabel Chan

Author Ben Hoare
Illustrator Sally Caulwell

DK DELHI

Senior art editor Vikas Chauhan
Designers Sonakshi Singh, Diya Varma, Prateek Maurya, Anita Yadav
Managing art editor Govind Mittal
Jacket design support Vidushi Chaudhry
Picture research team Rituraj, Priya Singh
Picture research Manager Virien Chopra
DTP designers Ashok Kumar, Rakesh Kumar, Vijay Kandwal, Jagtar Singh

First published in Great Britain in 2026 by Dorling Kindersley Limited 20 Vauxhall Bridge Road, London SW1V 2SA

The authorised representative in the EEA is Dorling Kindersley Verlag GmbH. Arnulfstr. 124, 80636 Munich, Germany

Text copyright © Ben Hoare 2026
Artwork copyright © Sally Caulwell 2026
Copyright © 2026 Dorling Kindersley Limited
A Penguin Random House Company
10 9 8 7 6 5 4 3 2 1
001-352664-Mar/2026

All rights reserved.
No part of this publication may be reproduced, stored in or introduced into a retrieval system, or transmitted, in any form, or by any means (electronic, mechanical, photocopying, recording, or otherwise), without the prior written permission of the copyright owner. DK values and supports copyright. Thank you for respecting intellectual property laws by not reproducing, scanning or distributing any part of this publication by any means without permission. By purchasing an authorised edition, you are supporting writers and artists and enabling DK to continue to publish books that inform and inspire readers. No part of this publication may be used or reproduced in any manner for the purpose of training artificial intelligence technologies or systems. In accordance with Article 4(3) of the DSM Directive 2019/790, DK expressly reserves this work from the text and data mining exception.

A CIP catalogue record for this book is available from the British Library.
ISBN: 978-0-2417-7225-6

Printed and bound in China

www.dk.com

FSC www.fsc.org MIX Paper | Supporting responsible forestry FSC™ C018179

This book was made with Forest Stewardship Council™ certified paper – one small step in DK's commitment to a sustainable future. **Learn more at www.dk.com/uk/information/sustainability**